#DATA
GUEULE

www.francetv.fr/IRL

Hachette Livre – Marabout
58 rue Jean Bleuzen, 92170 Vanves

JULIEN GOETZ - HENRI POULAIN - SYLVAIN LAPOIX

#DATA GUEULE

38 SUJETS D'ACTUALITÉ DÉCRYPTÉS

MARABOUT

INTRODUCTION

Après bientôt trois ans d'existence, 71 épisodes mis en ligne sur YouTube, un documentaire de 82 minutes et une communauté rassemblant près de 300 000 abonnés, Datagueule tente un nouveau format : un livre avec des pages dedans. Vous y retrouverez les chiffres, les mots, les images et les sources. Une autre façon de partager ces questionnements sur les mécanismes d'un monde en perpétuel mouvement.

Mais, au fait, Datagueule, c'est quoi ?

En quelques lignes, c'est ça :

« Chaque jour, nous sommes bombardés par des milliers de molécules d'information. Des faits, des noms, des chiffres qui s'empilent et se percutent sans que, pourtant, jamais rien ne se crée. Alors pour une fois, plutôt que de rester passifs face à cet assaut, jouons avec lui. Allons-y franchement.

Datagueule s'amuse à poser des jalons, des petits cailloux, comme un petit Poucet perdu dans la forêt, mais un petit Poucet punk. On expose ces faits, ces noms, ces chiffres et l'on choisit d'assumer l'éclatement pour éveiller la curiosité. Datagueule, c'est un jeu de Lego où une réalité se construit sous nos yeux sans que l'on s'en aperçoive.

En passant d'un mot à un chiffre, d'une date à un symbole visuel, en posant ces blocs apparemment sans lien entre eux, chaque épisode de Datagueule interroge ce que nous avons sous les yeux aujourd'hui et que nous ne percevons pas, ou plus. Justement car nous avons le nez dans l'assiette et que nous ne voyons pas le reste de la table. Datagueule tente ainsi de montrer le festin dans son ensemble, son opulence et ses débordements. »

SOMMAIRE

DTG#01

DEMOCRATIE REPRESENTATIVE : SUFFRAGE, O DESESPOIR !

« La démocratie, ce n'est pas la loi de la majorité, mais la protection de la minorité. » Albert Camus.

Des citoyens qui élisent des représentants qui décident des grandes orientations du pays d'après leur programme annoncé : bienvenue en démocratie représentative. La théorie semble simple mais, dans le concret, qui représente quoi ?

ASSEMBLÉE NATIONALE : OÙ SONT LES JEUNES ?

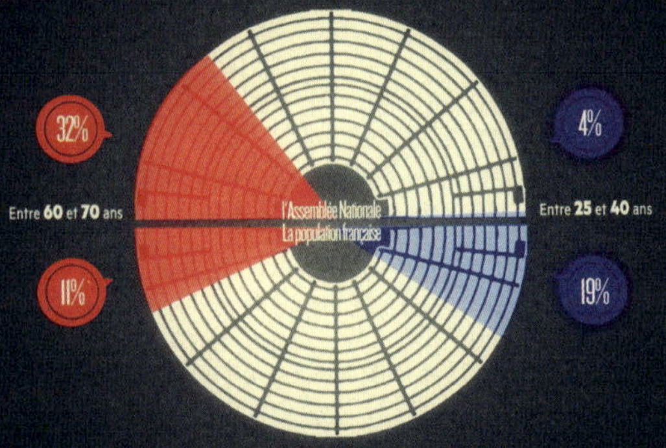

Moins de 4% des membres de l'Assemblée nationale ont entre 25 et 40 ans. Dans la population française, cette tranche d'âge représente près de 19%, 4,5 fois plus. À l'inverse, 32% des députés ont entre 60 et 70 ans, là où cette génération représente à peine 11% des Français, presque 3 fois moins.

SÉNAT : OÙ SONT LES FEMMES ?

Au Sénat, 80% des élus sont des hommes.
Et, devinez quoi : les sénateurs ne sont pas élus par le peuple mais par le vote de 162 000 grands électeurs, soit 0,3% des inscrits sur les listes électorales en 2014.
Côté représentation parlementaire, on a connu mieux.

LE DÉCOUPAGE DES CIRCONSCRIPTIONS

Depuis 1958, chacune des 577 circonscriptions électorales françaises doit légalement compter 93 000 habitants en moyenne, histoire que chacun des 577 députés représentent le même nombre de citoyens. Ce découpage doit obligatoirement être revu après deux recensements, mouvements de population oblige.
Or, celui qui tient les ciseaux peut faire pencher la balance.

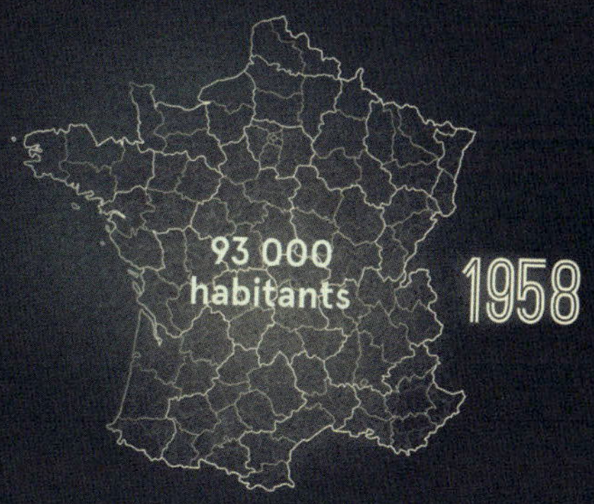

Charles Pasqua, le grand saucissonneur.

En 1986, Charles Pasqua, chargé du redécoupage, saucissonne Lyon en longues tranches. Il va ainsi chercher aux quatre coins de la ville des soutiens à droite pour chaque circonscription.
Aux élections suivantes, BINGO : le RPR conquiert la ville.

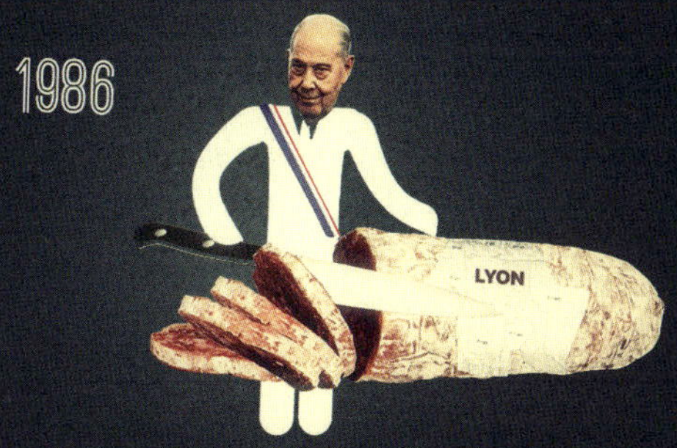

LE CUMUL DES MANDATS

Moins d'élus pour le même nombre de postes, voilà qui limite aussi la représentativité. 36% des députés exercent trois mandats ou plus.

17 d'entre eux, près de 3%, cumulent même 4 mandats !

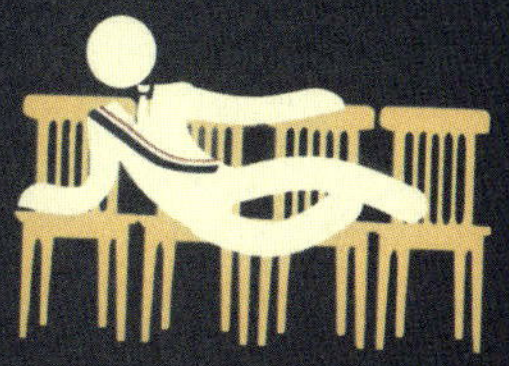

Mais la fin du festin est proche.
Votée en 2014, la loi sur le non-cumul des mandats entre en vigueur en 2017. Additionner un mandat parlementaire avec une fonction exécutive locale sera illégal.

L'ABSTENTION, SYMPTÔME DU MAL

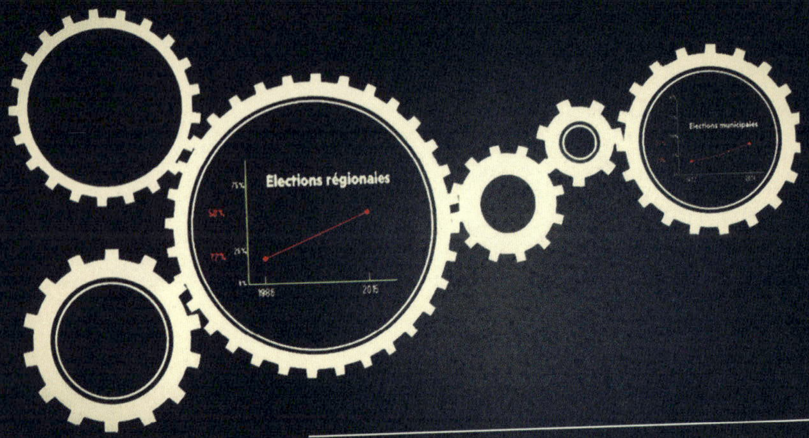

En attendant, notre démocratie représentative semble grippée et l'abstention grimpe. Au premier tour des élections municipales, elle est passée de 21% en 1977 à 37% en 2014. Aux élections régionales, elle a grimpé de plus de 22% en 1986 à 50% en 2015.

ALORS, QUE FAIRE ?

Dans certains pays le vote est obligatoire.

Chez les Belges :

Tout abstentionniste risque une amende de 30 à 60 € et jusqu'à 150 € en cas de récidive. Résultat, le taux de participation aux scrutins avoisine les 90%.

Mais pour que ce soit vraiment fair-play, il faudrait prendre en compte les votes blancs. Comme dans certains pays d'Amérique du Sud.

Chez les Péruviens :

Quand les bulletins non-valides représentent plus de 66% des votes, l'élection est annulée.

Chez les Colombiens :

Une majorité de bulletins blancs remettent les compteurs à zéro.

ON PEUT AUSSI PENSER LE SYSTÈME AUTREMENT

Chez les Suisses :

Les citoyens disposent de plusieurs outils pour rendre leur démocratie plus directe. Avec 100 000 signatures réunies en 18 mois maximum, n'importe quel électeur peut soumettre une « initiative populaire » – une nouvelle loi – au vote de ses concitoyens.

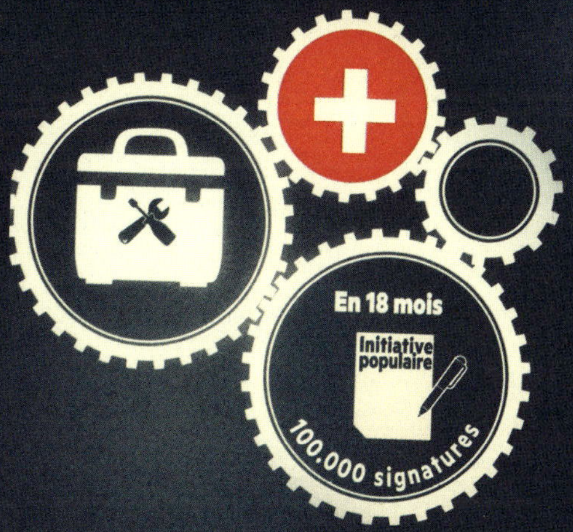

De la même manière, toute loi votée par l'Assemblée fédérale peut être retoquée par référendum à la demande des citoyens. Il faut récolter 50 000 signatures dans les 100 jours qui suivent le vote de la loi.

Chez les Islandais :

En 2010, le tirage au sort a fait son grand retour en politique. Pour réformer la constitution de l'Islande, le gouvernement a organisé un forum démocratique. 1 000 citoyens, de 18 à 91 ans, furent choisis de façon aléatoire. Résultat :

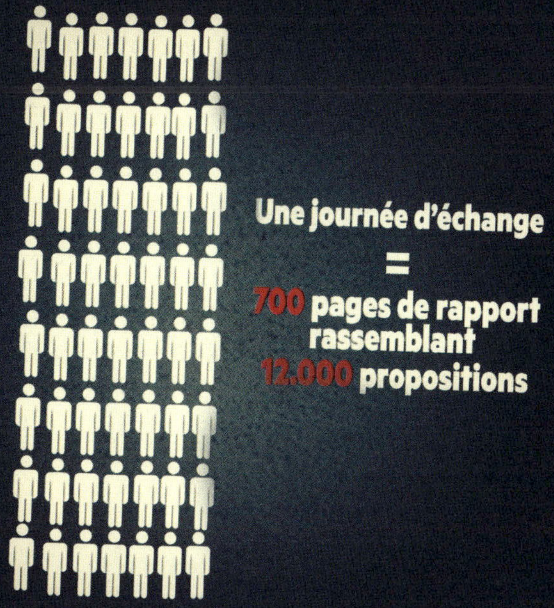

Fou ? Pourtant, le hasard en démocratie ne date pas d'hier.

DE L'ANTIQUITÉ À LA DÉMOCRATIE 2.0

Le tirage au sort était l'un des piliers de la démocratie athénienne.
C'est ainsi qu'étaient désignés les 500 membres de la Boulê.
Leur rôle était de recueillir les projets de loi émanant directement des citoyens d'Athènes.

Mais tout cela reste loin de notre hexagone.

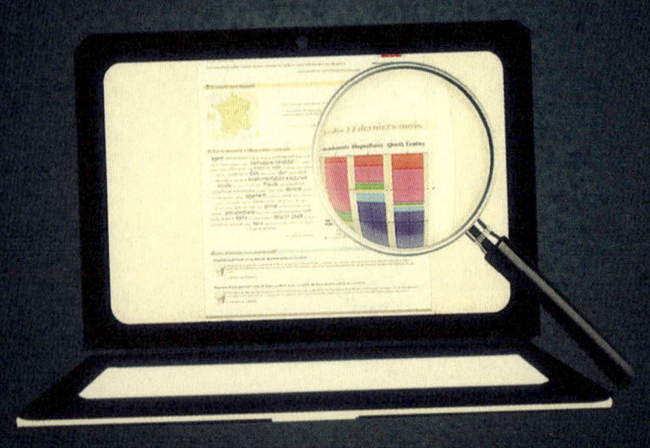

En attendant, le collectif Regards Citoyens a lancé en 2009 le projet nosdeputes.fr. Il permet de passer au crible l'activité de chaque élu de l'Assemblée nationale et de commenter les projets de loi.
Mais si les électeurs scrutent les politiques, les élus eux, lisent-ils seulement ce que proposent les citoyens ?

Le temps est sans doute venu de s'interroger sur les limites de notre démocratie représentative, régie par les règles de la Ve République, née il y a presque 60 ans. Et l'on pourrait en profiter, au passage, pour remettre la politique à sa place : au centre de nos cités.

Retrouvez les sources sur http://bit.ly/DTG-DemocratiesReprésentatives

DTG#02

CO 2 - HUMAINS 0

Le climat, c'est ceux qui en parlent le plus qui s'en occupent le moins.

Cela fait plus de 40 ans que les liens entre activités humaines et réchauffement climatique global sont pointés du doigt. Chaque décennie qui passe, les craintes des scientifiques se confirment. Pourtant, côté politiques, rien ne bouge. Ou presque. D'où vient donc cette étrange inertie ?

ÇA CHAUFFE

Le GIEC (Groupe d'experts intergouvernemental sur l'évolution du climat) est une organisation sous l'égide de l'ONU qui regroupe 194 pays.

Pour son dernier rapport, 831 scientifiques se sont réunis pour éplucher près de :

20 000 ETUDES

D'après ce 5e opus, plus les hommes pompent, plus la terre chauffe.

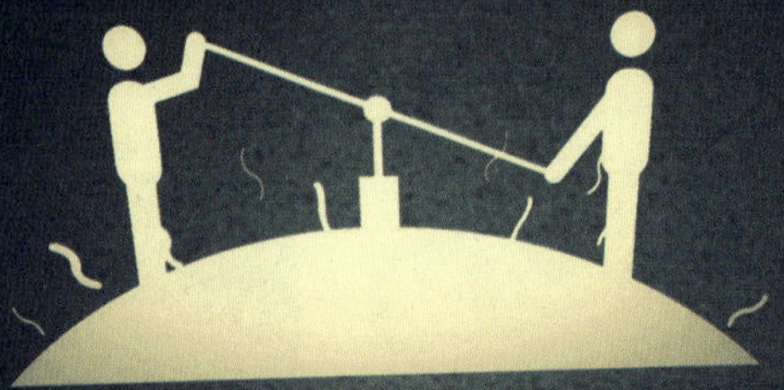

Le GIEC estime en effet que le lien entre activités humaines et hausse des températures est « extrêmement probable », à :

95%

Oui mais voilà…

L'INACTION DES POLITIQUES

La courbe du CO_2 dans l'atmosphère a beau continuer de grimper, c'est à peu près la seule chose qui bouge sur le sujet.

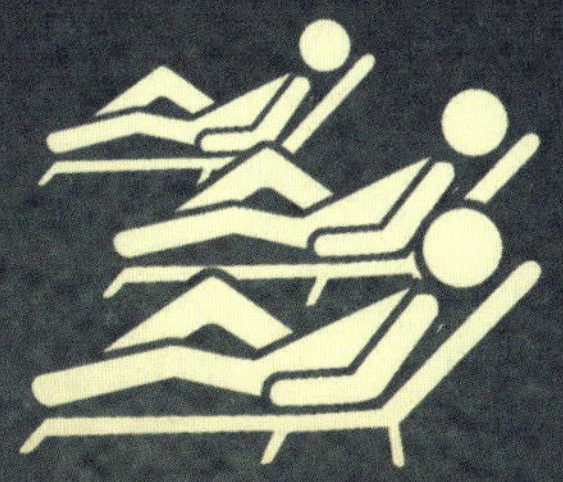

Depuis 1972 et le premier sommet de la Terre (Stockholm), les politiques économisent l'énergie en ne faisant rien.

Il faut dire qu'entre scientifiques et industriels, leur cœur balance.

LA POLLUTION INDUSTRIELLE DU DÉBAT

De 1999 à 2002, face au GIEC, des industriels créent le GCC (Global Climate Coalition). Derrière ces trois lettres, des entreprises comme :

Exxon Mobil, Ford, Shell, GM, bp

Et ils ont du mal à sourire lorsque le GIEC conseille de réduire les émissions de CO_2.

En 2001, ces mêmes industriels avaient réussi à placer Philip Cooney, un ex-avocat de l'Institut américain du Pétrole, directement à la Maison Blanche. En tant que responsable du climat, il supervise des rapports de scientifiques destinés à l'administration américaine.

Il les corrigera méthodiquement, minimisant les études à coup de « peut-être » et « potentiellement », car ces aléas du climat n'ont finalement rien d'alarmant. En 2005, il démissionne. 3 jours plus tard, il est embauché par Exxon Mobil.

LOBBYING : DES BILLETS DE PLOMB

Robert Bulle, sociologue américain, a identifié 91 organisations outre-Atlantique qui relaient le discours climatosceptique des lobbies industriels.

Entre 2003 et 2010, plus de 650 millions d'euros ont permis à ces lobbyistes de faire leur job.
Près de 93 millions d'euros par an !
Plus de 15 fois le budget annuel du GIEC qui est lui de... 6 millions d'euros.
Et derrière tous ces dollars, toujours les mêmes gros pontes du pétrole : Exxon Mobil, ou la discrète Koch Industries, qui pèse plus de 90 milliards de dollars.
Toute guerre a ses financiers.

COMME UN VENT DE PANIQUE

Aujourd'hui, le changement climatique pourrait faire chuter de 2% les rendements des grandes cultures qui remplissent nos estomacs.
2 petits pourcents. Pas grand chose, sauf si on le compare à la réalité et aux 14% d'augmentation dont on aurait besoin pour nourrir notre petit monde en expansion.

En même temps, on sera peut-être moins nombreux...
Toujours selon le GIEC, le niveau des mers pourrait avoir augmenté d'un mètre d'ici à 2100.
Ce qui toucherait une personne sur dix dans le monde, soit 600 à 700 millions de personnes.

Pas grand chose...

Pas de quoi s'inquiéter. Entre scientifiques et industriels, nos politiques sauront bien trouver la réponse. Après tout, ça ne fait que 40 ans qu'ils en discutent.

Retrouvez les sources sur http://bit.ly/DTG-CO2-Humains0

DTG#03

PIRATE, MON AMOUR

Saint Copyright a dit :
« Tu ne partageras point. Sauf si tu paies. »

À écouter l'industrie musicale ou cinématographique, l'échange de morceaux et de films en ligne est un virus à éradiquer. Mais ces « pirates » si recherchés ont-ils réellement « pillé » des générations d'artistes ? Ou simplement ébranlé le monopole de quelques industriels de la culture ?

AU COMMENCEMENT ÉTAIT LE PIRATAGE

Rappelez-vous, 1999, l'arrivée de Napster et ses centaines d'albums à portée de clic. À l'époque l'industrie musicale crie rapidement :

Mais pourtant, 15 ans plus tard, on remarque que ses bénéfices sont stables depuis… 1998. Ils sont même en hausse depuis 2010.

Certes, entre 1998 et 2011, les revenus issus de la vente de CD ont chuté de plus de 50%. Mais dans le même temps, l'augmentation des revenus côté concerts dépasse les 60% et, ces dernières années, il faut y ajouter les revenus des plateformes légales comme Spotify qui ne cessent de grimper.

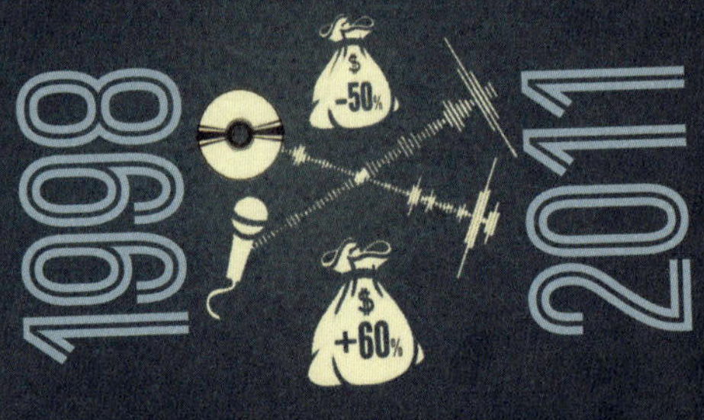

Le manque à gagner perdu dans les bacs est largement comblé.

DES PERTES IMAGINAIRES

Peu importe. Les industriels de la culture sont fermes : pas question de négocier.

En 2012, ils affirmaient que le piratage coûtait entre 200 et 250 milliards de dollars à l'économie américaine et avait détruit 750 000 emplois.

Un peu de sérieux.

Cela représenterait une perte de 800 dollars pour chaque habitant des États-Unis, femmes, hommes et enfants. Et 50 000 emplois, c'est deux fois le nombre d'employés dans toute l'industrie du cinéma outre-Atlantique en 2010.

QUI PERD GAGNE ?

Voyons plutôt ce que dit le box-office américain, terre de piratage. Entre 2000 et 2013, le nombre de places de cinéma vendues n'a baissé que de 5%. Dans le même temps, la recette de l'industrie a, elle, explosé grimpant de presque 30%. En 2013, les entrées dans les cinémas ont généré plus de 10 milliards de dollars. Rude crise. Notons que le prix du billet a augmenté de 33%.

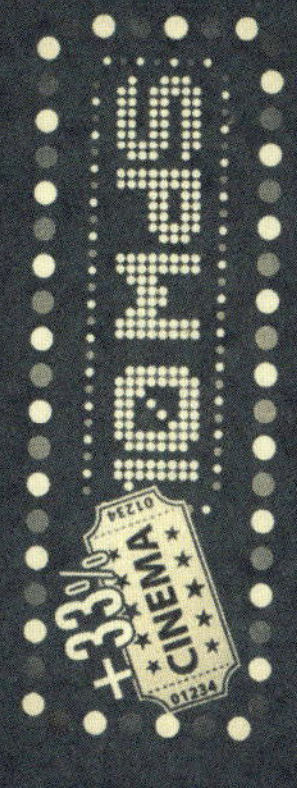

Faire payer les « pirates », ça aide. Surtout lorsqu'ils sont prêts à le faire. D'après une étude de 2012, en Angleterre, les trois quarts des utilisateurs qui téléchargent illégalement films, musiques ou autres, achètent également trois fois plus de biens culturels que ceux qui sont vierges de tout piratage.

Finalement, télécharger illégalement, c'est pêcher par trop d'envie. Comme l'offre ne suit pas la demande, l'échange « illégal » comble le désir.

MAIS TOUT CHANGE

« MERCI » : voilà en résumé le petit mot que la chaîne américaine HBO a lancé à celles et ceux qui ont téléchargé illégalement les épisodes de la série *Game of Thrones*.

Et oui, *Le Trône de Fer* est tout simplement LA série la plus plus « piratée » depuis 2012.

En 2013, près de 6 millions de fans se sont échangé les épisodes de la troisième saison sur les réseaux peer-to-peer. La même année, *Game of Thrones* devient la seconde plus grosse réussite de la chaîne câblée américaine avec 13,6 millions de téléspectateurs.
Sacrés « pirates ».
En alimentant le bouche à oreille, ils ont créé le buzz et permis le succès d'audience de la série.

BIG MAJOR IS WATCHING YOU

Reste que la surveillance des réseaux d'échanges réclamée par les majors des industries nuit surtout aux petits artistes, aux films indépendants et aux labels inconnus.

Sur le marché de la musique en ligne, en 2013, 1% des artistes ont récolté 77% des revenus. Pas très juste.

En criminalisant le partage, on empêche la discussion et donc ce bon vieux bouche à oreille. Une grosse perte pour celles et ceux qui ne peuvent pas se payer un arsenal promotionnel. Pourtant la culture, c'est comme les dividendes, ça se partage. Non ?

Retrouvez les sources sur http://bit.ly/DTG-PirateMonAmour

DTG#04
ADIEU SOMMEIL

La nuit, tous les consommateurs sont gris.

Voilà des millénaires que les journées humaines sont rythmées par notre besoin de sommeil. Mais il est possible que, d'ici quelques décennies, ce ne soit plus qu'un lointain souvenir. Trop peu rentables, nos nuits deviennent un enjeu majeur dans la course à l'efficacité.

QUAND LA NUIT FUIT

6 heures et 31 minutes, c'est la durée moyenne de sommeil quotidien pour un adulte américain en 2013.

La génération précédente, elle, dormait 8 heures par nuit.

Au début du XXe siècle, le sommeil quotidien aux États-Unis était de 10 heures !

En France, entre 1986 et 2010, le sommeil a diminué de 18 minutes. Chez les 15-17 ans, ce chiffre grimpe à 50 minutes.

LES RISQUES

Le manque de sommeil accentue les risques d'obésité ou de diabète, notamment chez les plus jeunes.

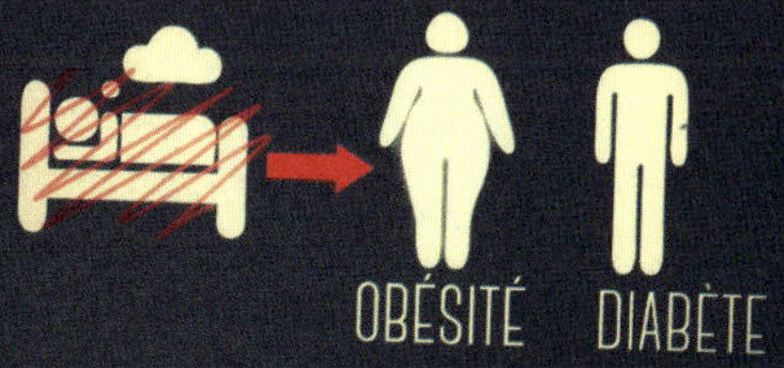

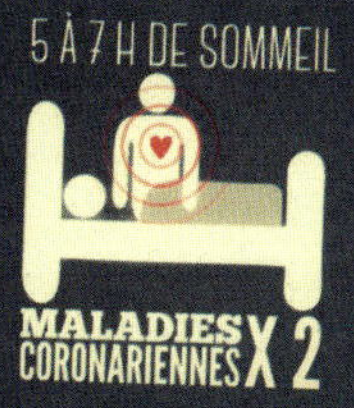

La tendance aux maladies coronariennes serait doublée chez les personnes dormant régulièrement entre 5 et 7 heures par nuit.

Mais peu importe, puisqu'allumé le monde tourne mieux.

LA FÉE ÉLECTRICITÉ

Dès le XIXe siècle, la naissance de l'éclairage urbain réduit certes l'insécurité dans les ruelles sombres, mais rallonge aussi la durée subjective de nos journées. De nombreux commerces peuvent enfin rester ouverts à la nuit tombée.

LA MÉLATONINE

Notre rythme naturel est lié à notre environnement lumineux. Chaque nuit, notre corps produit de la mélatonine, l'hormone du sommeil. En diffusant principalement une lumière aux teintes bleues, les multiples écrans que nous utilisons tous les jours perturbent la sécrétion de cette hormone.

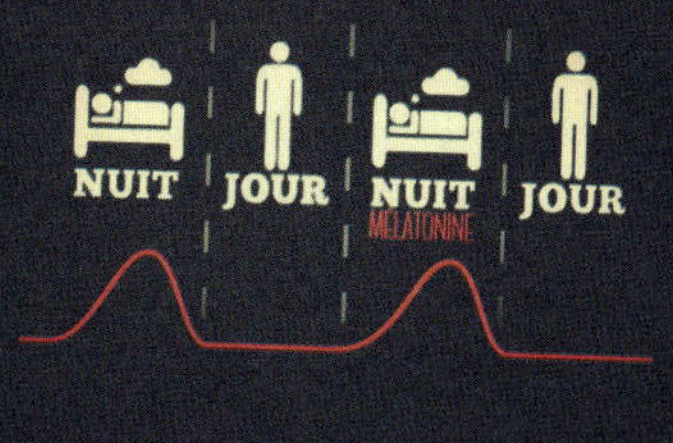

Après un test mené à Harvard, des sujets exposés 6h30 à ces halos bleutés ont vu leur production de mélatonine retardée de 3 heures, déréglant le cycle jour/nuit.

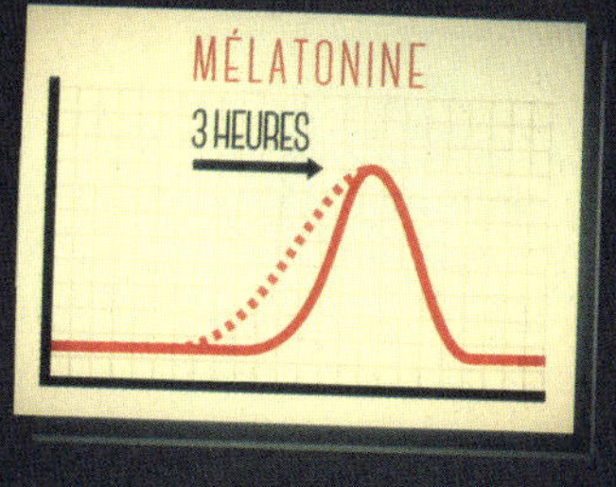

AVANT D'ALLER PLUS LOIN, ACCORDONS-NOUS UNE

Le bruant à couronne blanche est une espèce de passereau nord-américain qui parcourt deux fois par an les 4 300 km séparant l'Alaska de la Californie.

Et devinez quoi : pendant cette migration, il ne dort qu'un tiers de son sommeil habituel.

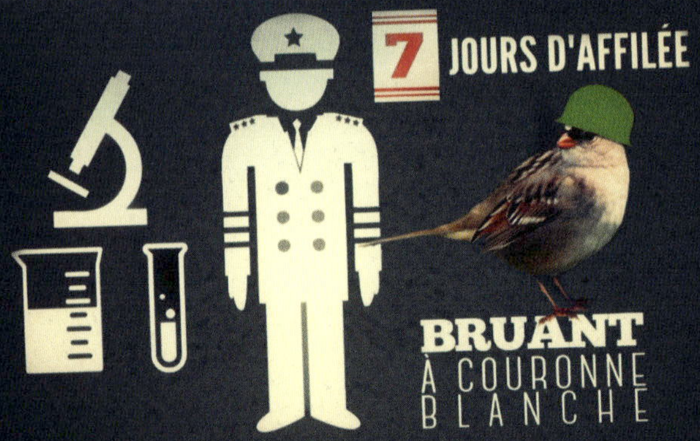

Il est parfois capable de rester éveillé 7 jours d'affilée.

Un parfait petit soldat.

Ce qui explique sans doute pourquoi le Département de la Défense américain finance des recherches à son sujet.

GARDE À VOUS !

Depuis 2006, les rations des soldats américains contiennent des chewing-gums dosés à 100 mg de caféine pour combattre le sommeil.

Mais la caféine n'agit que pendant 6 heures environ.

Les pilotes de chasse français utilisent eux des comprimés de « caféine à libération prolongée ». Chaque gélule est dosée à 300 mg du précieux stimulant.

Les amphétamines elles, officiellement autorisées par l'armée américaine, peuvent permettre de rester en alerte jusqu'à 10 heures ! Sauf que les effets secondaires – dépendance, problèmes cardiaques entre autres – nuisent aux troupes.

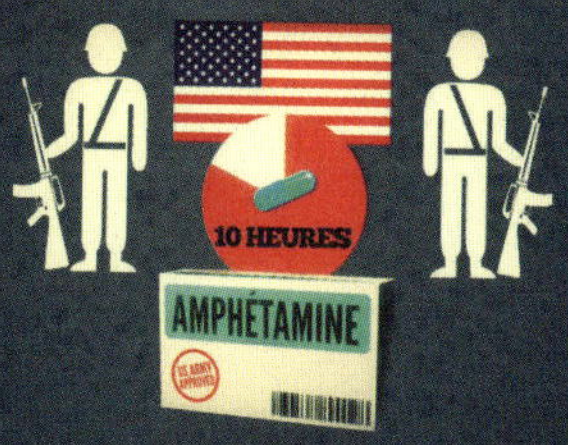

LE MODAFINIL

Canada, Chine, Pays-Bas, Corée du Sud, Inde… de nombreux laboratoires de recherche militaire l'ont mis à l'épreuve.

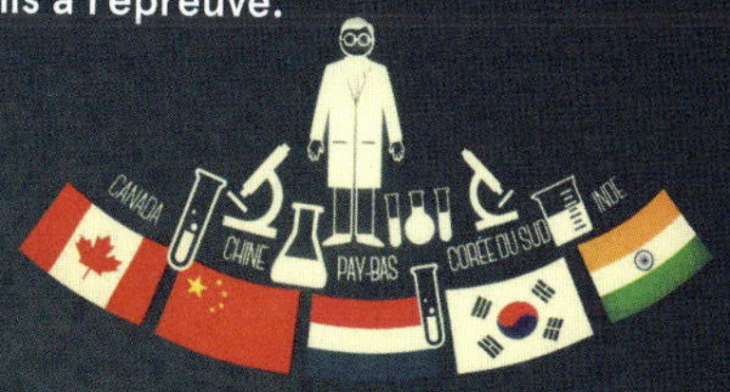

Heureusement, il y a quelques années, un nouveau saint Graal est apparu : le Modafinil. Pilule miracle aux effets secondaires apparemment limités, il peut garder un soldat éveillé et efficace pendant plus de 48 heures en supprimant directement le besoin de sommeil.

Dès 1991, lors de la guerre du Golfe, les légionnaires français le testent sur le champ de bataille sous le nom de Progivil. Depuis l'intervention en Irak, en 2003, les pilotes de l'US Air Force utilisent le Modafinil en vol.

DES CHAMPS DE BATAILLE AUX NUITS DE TRAVAIL

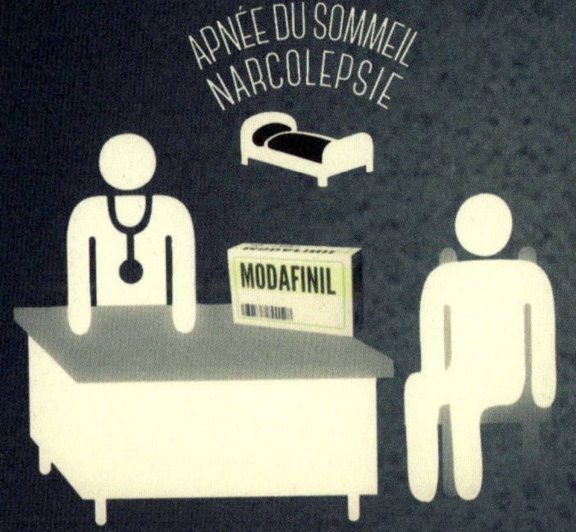

Comme souvent, les découvertes militaires sont utiles en temps de paix. Le Modafinil est désormais utilisé en médecine civile. Il permet de traiter les conséquences de certains troubles nocturnes, comme l'apnée du sommeil ou la narcolepsie.

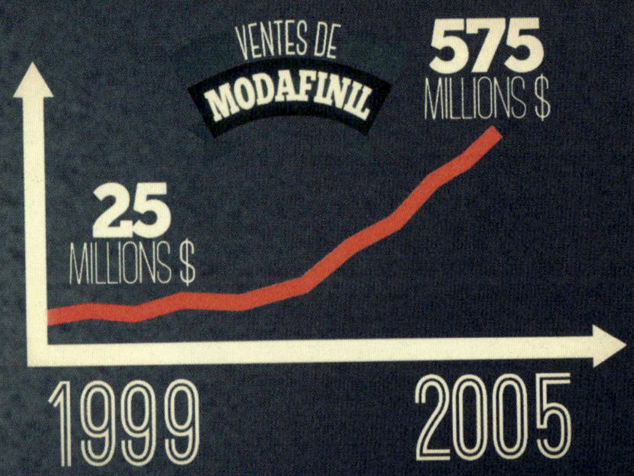

Entre 1999 et 2005, ses ventes ont explosé, passant de 25 millions à 575 millions de dollars.

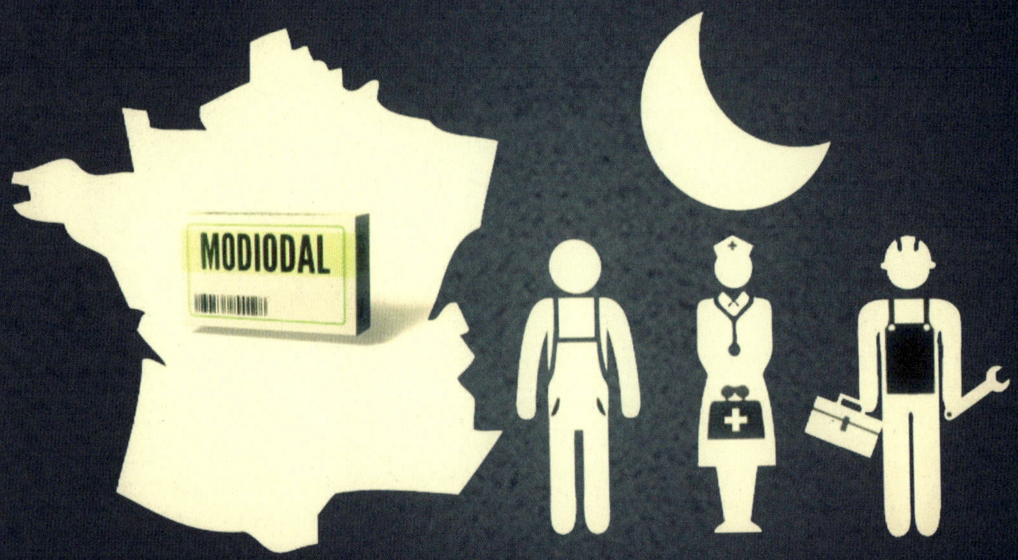

En France, appelé Modiodal, ce médicament est principalement prescrit aux travailleurs nocturnes.

Tiens donc.

DTG #04

Après des millénaires à rythmer ses jours en fonction de ses nuits, l'Homme semble désormais vouloir faire l'inverse. Comme si dormir moins, c'était vivre plus. Mais si le sommeil disparaît, quand rêverons-nous à des futurs possibles ?

Retrouvez les sources sur http://bit.ly/DTG-AdieuSommeil

DTG#05

MONSANTO, SA VIE, SON EMPIRE

Vendre un poison et son antidote est l'assurance d'un business florissant.

L'entreprise américaine Monsanto a su créer un véritable empire au fil de son existence. Spécialiste de la chimie, elles se lance dans les herbicides dès 1945, puis dans les semences résistantes à ce même herbicide. Futé. Ce géant possède désormais un dangereux monopole sur bon nombre de graines qui font pousser ce qui termine dans nos assiettes.

L'EMPIRE

13,5 milliards de dollars de chiffre d'affaires en 2012, 14% de hausse par rapport à l'année précédente, 21 000 employés dans 66 pays, le tout pour une entreprise créée il y a 113 ans et dont le siège social est situé à Crève-cœur dans le Missouri.

Voici Monsanto. La reine des graines OGM.

Soja, maïs, coton et colza. À lui seul, le groupe produit 90% des semences transgéniques mondiales.

Mais il est aussi un acteur important des herbicides grâce à son produit phare : le Roundup.

DES DÉBUTS PROMETTEURS

Il faut dire que Monsanto a de l'expérience.
C'était déjà elle qui fournissait à l'armée américaine l'agent orange, un autre herbicide. Joli contrat quand on sait que les avions US en ont répandu pendant 10 ans (1961-1971) sur la forêt vietnamienne.

Tout au long de la guerre, le but était simple : empêcher quiconque de se cacher à l'abri des arbres. Donc, on supprime les arbres.

Que cet herbicide entraîne des cancers en masse et fasse plusieurs centaines de milliers de victimes, c'est un autre problème qui n'était pas celui de Monsanto.

VENDRE LE POISON ET L'ANTIDOTE

Aujourd'hui, le Roundup est le premier désherbant utilisé dans le monde. Son efficacité est implacable : il éradique toutes les mauvaises herbes.

C'est là qu'entrent en jeu les OGM. 70% des semences vendues par l'entreprise ont la particularité d'être résistantes à un certain herbicide : le Roundup.

Comme la nature est bien faite.

Logiquement, ces OGM devraient assurer aussi un meilleur rendement aux agriculteurs qui les cultivent. Voyons les chiffres. Aux États-Unis, 80% du maïs récolté est issu des graines estampillées Monsanto, son rendement devrait être bien supérieur à celui de la France où le maïs MON810 est officiellement interdit. Or, ces trente dernières années, le rendement du maïs français a augmenté de 30% et celui de la variété américaine de... 31%.

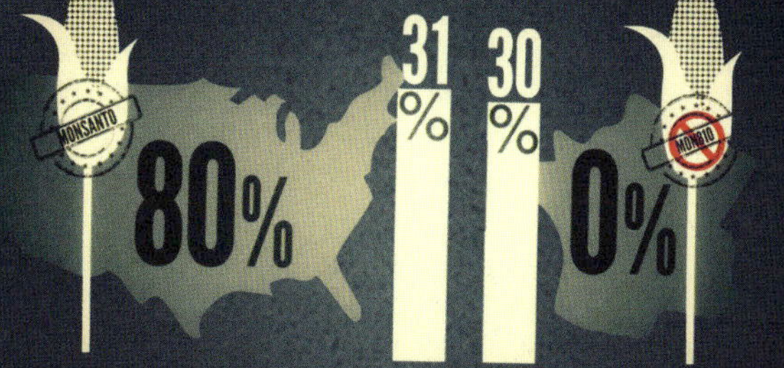

LE CÔTÉ OBSCUR DES BREVETS

Monsanto s'assure de ne pas perdre sa clientèle par d'autres moyens : les brevets.
Un agriculteur achetant des graines Monsanto doit forcément payer chaque année pour pouvoir replanter ce qu'il a récolté.

La firme américaine a même développé une technologie délicatement appelée :

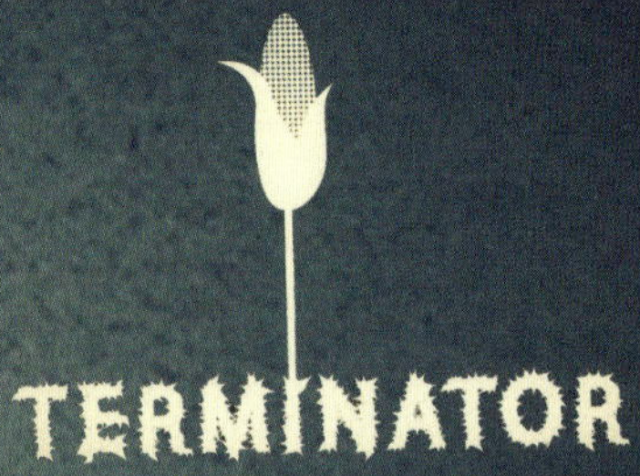

Les plantes « terminator » sont stériles.

Comme ça, rien à replanter l'année suivante, le brevet est préservé par les graines elles-mêmes.

Mais un moratoire de l'ONU empêche l'utilisation de cette solution, au nom de la biodiversité.
Quand même.

Cependant, les brevets ne sont valables que 20 ans. Depuis 2015, le soja transgénique de Monsanto n'est plus protégé. Les graines sont libres, sans que l'on connaisse bien leur impact sur les différents organismes.

LE CERCLE VICIEUX

Ce que l'on sait, en revanche, c'est que le Roundup dégrade les sols sur lesquels il est pulvérisé. Pourtant, Monsanto le présentait comme « biodégradable ». Une publicité mensongère pour laquelle le groupe a été condamné.

On sait également que désormais les mauvaises herbes sont de plus en plus résistantes à cet herbicide, il va donc falloir augmenter les quantités pour un résultat équivalent.
Voilà un bon modèle économique.

Et puis Monsanto sait s'adapter. L'entreprise a racheté, en 2014, pour 1 milliard de dollars, Climate Corporation, une société qui analyse les données météo pour définir quand et comment planter pour obtenir les meilleurs rendements.

Cerise sur le gâteau transgénique : Monsanto a elle-même été rachetée par Bayer, géant allemand de l'agro-chimie, pour la modique somme de 59 milliards d'euros. Enfin une graine avec un rendement hors normes.

Herbicides, semences, prévisions et monopoles, avec un chiffre d'affaires cumulé de 23 milliards d'euros annuels, ce nouveau mastodonte pourrait bien devenir notre mère nourricière.

Retrouvez les sources sur http://bit.ly/DTG-MonsantoSaVieSonEmpire

DTG#06

LOTERIE : LE REVE DERRIERE LES GRILLES

Au poker, le seul qui gagne à chaque coup, c'est le marchand de cartes.

Les loteries, c'est un peu le rêve au coin de la rue. Sauf que c'est un rêve qui coûte cher et ne rapporte rien la plupart du temps. Mais qu'importe les pertes pourvu qu'on ait l'ivresse.

100 % DES PERDANTS ONT TENTÉ LEUR CHANCE

0,0000008%
Voilà très précisément les chances que vous avez de remporter le pactole au prochain tirage de l'Euromillion. Concrètement, il y a 154 fois plus de chance qu'un astéroïde s'écrase sur vos pieds.

Si 100% des gagnants ont tenté leur chance, la réalité c'est que seuls 7,5% des joueurs ont gagné quelque chose.

JUTEUX HASARD

Mais le hasard est une valeur sûre. En France, entre 2000 et 2012, les sommes misées sur les jeux d'argent ont augmenté de 76% pour atteindre plus de 46 milliards d'euros en 2012.

Sur la même période, la Française des Jeux a vu la consommation de ses grilles et autres tickets à gratter grimper de 59%.

En 2013, 12,3 milliards d'euros sont partis dans les tirages, grattages et autres paris gérés par la FDJ.

UN PEU D'HISTOIRE

Le premier « lotto » est italien. Il apparaît à Florence en 1530.

En 1539, François Ier reprend l'idée mais les taxes prélevées sont trop importantes, les joueurs désertent. 200 ans plus tard, Louis XV, ruiné par la construction de l'École Militaire, retente le coup pour renflouer les caisses du royaume.

En 1793, les révolutionnaires, derrière l'étendard de la morale, décident d'abolir la loterie royale. Avant de la recréer 4 ans plus tard parce que la morale, c'est bien, mais ça rapporte peu.

En 1836, Louis-Philippe choisira finalement d'interdire les loteries pour de bon. Et c'est toujours vrai : les loteries sont hors la loi. Leur organisation peut être punie d'une peine de prison et de 300 000 euros d'amende.

Sauf… pour les :

Ça tombe bien. Au lendemain de la Première Guerre mondiale, les comptes de la France sont au plus bas.

Il faut trouver des fonds pour les pensions des 200 000 soldats revenus mutilés du front.

Voilà une cause de bienfaisance !

La Loterie Nationale voit le jour en 1933.

LA BOULE AUX ŒUFS D'OR

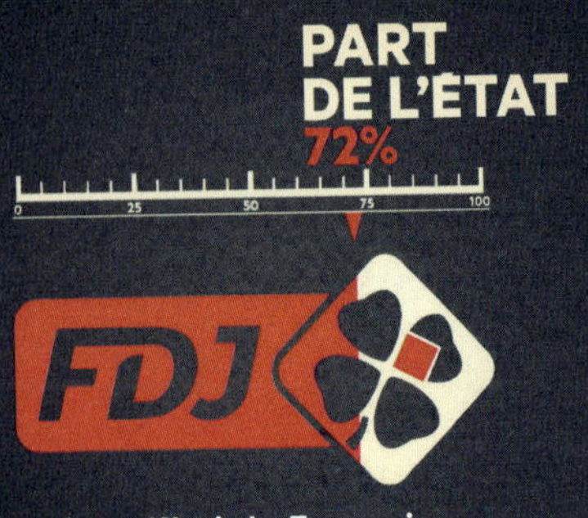

Aujourd'hui, la Française des Jeux est détenue à 72% par l'État.

Étonnamment, le produit brut de ses jeux est plus taxé que les autres. 67% contre 54% pour les casinos et 39% pour le PMU. À quoi s'ajoute l'impôt sur les bénéfices du groupe : près de 79 millions d'euros en 2013.

Autant de rentrées pour les caisses de l'État sur lesquels le Parlement n'a aucun droit de regard. Ces taxes sont rangées dans une catégorie spécifique de « prélèvements non fiscaux ». Sans doute un vieux reste de morale.

TIRAGES ET SALLES DE SHOOT

En 2013, il y avait 33 400 points de ventes répartis sur 11 700 communes. Presque autant que de boulangeries et deux fois plus que de bureaux de poste. Mais surtout autant de guichets d'addiction au jeu potentiel.

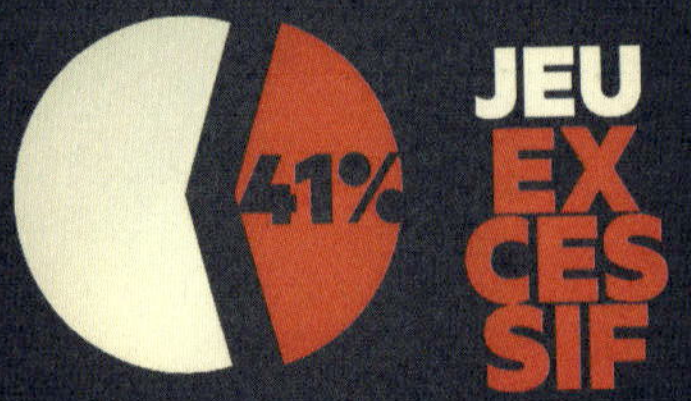

Le Rapido, créé en 1998 a été retiré de la vente en 2014. À raison de 400 tirages quotidiens, il était accusé de provoquer des addictions graves. 41% des participants présentaient des signes de jeu excessif.

CLIQUEZ C'EST GAGNÉ

Près de 11% des joueurs présentent un comportement « problématique » et, parmi eux, 3,7% passent le seuil du jeu « excessif ». Chez les 25-35 ans, ils sont 7%, quasi 2 fois plus. La Française des Jeux l'a bien compris : Stars Wars et Indiana Jones ont été convertis en cartes à gratter. Harry Potter a même failli atterrir sur un ticket. Pas de panique : ces jeux de la FDJ sont interdits aux mineurs… depuis 2007 !

Évidemment, moins on a d'argent, plus on rêve d'en gagner. Les personnes dans les situations les plus précaires sont aussi une manne pour la FDJ.

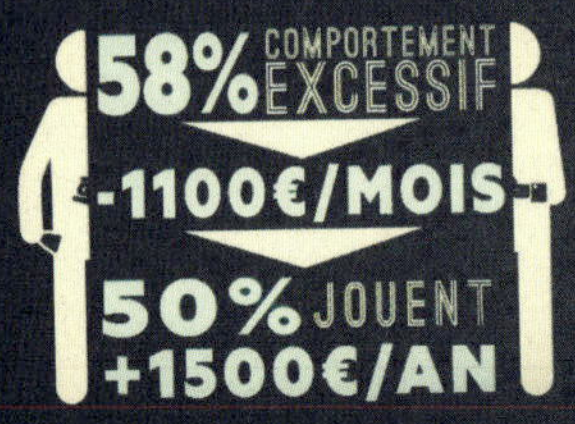

Les joueurs peuvent désormais tenter leur chance en ligne. Les mises sur fdj.fr ont progressé de 5% en 2013, représentant 334 millions d'euros.

Sauf que plus de 8% des joueurs en ligne sont déjà dans la catégorie « excessifs ».

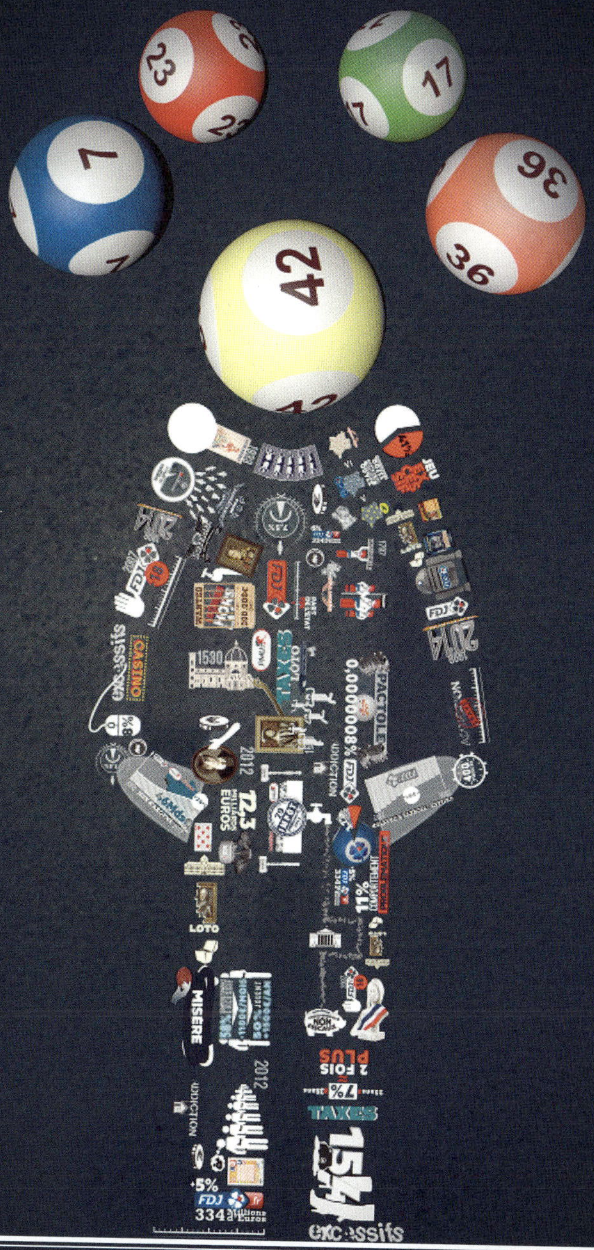

Cocher des cases et gratter des tickets permet d'acheter du rêve. La réalité, c'est que derrière les millions de la chance, se cache une loterie de la misère. Vendre le mirage d'une vie meilleure, voilà une ressource aux crédits inépuisables.

Retrouvez les sources sur http://bit.ly/DTG-Loteries

DTG#07

L'ATTAQUE DES ROBOTS TRADERS

Toujours plus vite, toujours plus haut, toujours plus droit... dans le mur.

Un battement d'ailes de papillon au Japon peut provoquer une tornade à l'autre bout du globe ? Fort bien. Il est quelque chose de 100 000 fois plus rapide qui peut avoir autant, voire plus, d'impact sur notre petit monde : le trading à haute fréquence.

PORTRAIT ROBOT

Le principe est simple : faire travailler non pas des hommes-traders mais des robots-traders. Des ordinateurs qui vont pouvoir donner des ordres boursiers à la vitesse de la lumière. Ou presque.
Calibrés pour repérer les micro-anomalies entre prix de vente et prix d'achat, ils foncent dans la brèche pour rafler la mise en un temps record. Des micros gains d'à peine 1$ qui, multipliés par plusieurs millions, peuvent rapporter gros.

Calculer plus pour gagner plus.

La machine conçue par la société anglaise Algo Technologies, réputée la plus rapide au monde. Grâce à elle, une transaction peut être effectuée en :

16 MICROSECONDES

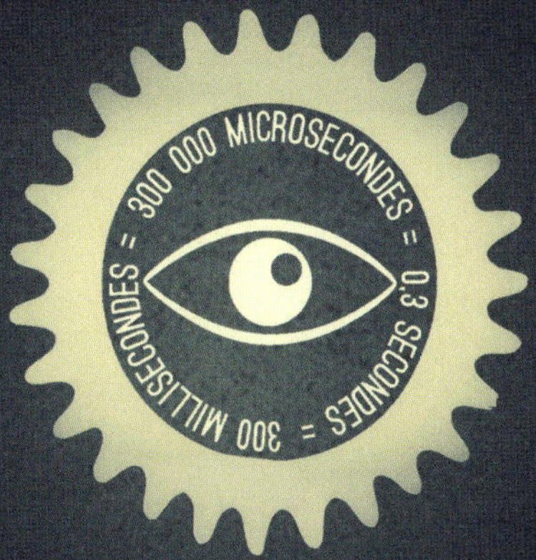

Ça ne vous dit rien ? On va arranger ça.
Un battement de cils dure en moyenne 0,3 secondes, soit 300 millisecondes ou 300 000 microsecondes. Donc, en un battement de cils, Algo Technologies peut traiter 18 760 transactions.

JACKPOT OU KRACH-POT ?

Les robots – tout comme les hommes qui les ont conçus – font des erreurs. Le 6 mars 2010 a eu lieu le premier :

Quelle belle formule.

L'indice Dow Jones perd 9%, la plus forte chute qu'il ai jamais connu. La Grèce, mauvais élève de l'époque, est vite pointée du doigt. Perdu.

La panique vient d'une machine du fonds de pension américain Waddle & Reed.
L'ordinateur a vendu pour 4 milliards de dollars de titres en... un clin d'œil, affolant tout les autres robots-traders qui ont donc vendu à leur tour, « machinalement ».
C'est balo.
En quelques minutes, des investisseurs, eux, bien réels, ont perdu la modique somme de 150 millions de dollars.

LE TWEET QUI VALAIT 136 MILLIARDS

Mieux, le 26 avril 2013, le compte Twitter de l'agence de presse AP est piraté. Un message annonce un attentat à la Maison Blanche.
Les robots repèrent l'association des mots clés : Explosion • Obama • Maison Blanche.
Ils anticipent la panique et suppriment des millards d'ordres. En 3 minutes, Wall Street perd 136 milliards de dollars avant de se rétablir.
Sacrée secousse pour un faux tweet.

TROP RAPIDES POUR ÊTRE CONTRÔLÉS

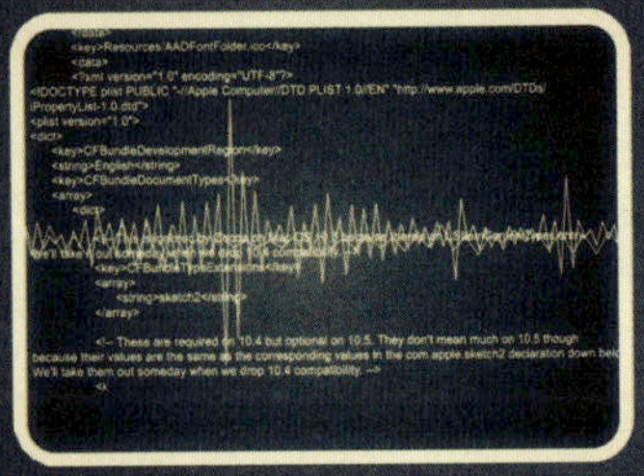

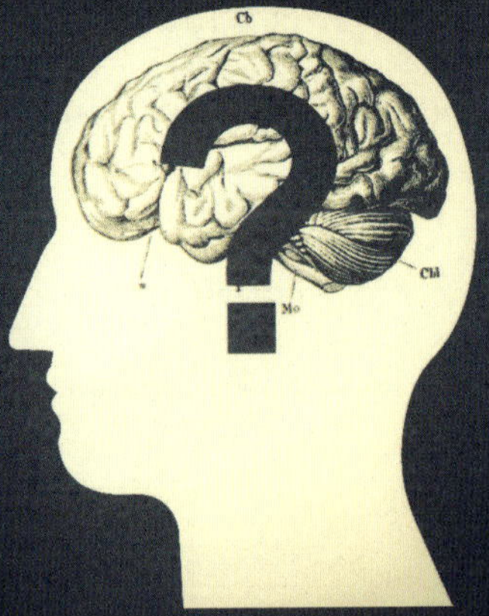

Ultra-rapides, ces algorithmes, qui ne font que pousser à l'extrême d'anciennes pratiques, le sont trop. Lorsqu'ils sont en action, le cerveau humain est tout simplement incapable de les analyser.

Impossible donc pour les régulateurs de la finance de surveiller réellement leur activité. Le risque de manipulation des marchés est réel et les bourses deviennent de plus en plus opaques.

CHANGER DE FRÉQUENCE ?

TRADING HAUTE FREQUENCE

Aujourd'hui, même s'il a connu une légère baisse aux États-Unis, le trading haute fréquence représente 60% à 70% des transactions outre-atlantique et environ 35% en Europe.

REGULATION

Et certains posent la question de la régulation de cette pratique. On parle d'un temps minimum de quelques secondes entre deux opérations ou de taxer les ordres annulés en masse, pour calmer la tendance actuelle à surcharger les marchés de faux ordres.

D'autres en appellent même à une vieille idée :
les bourses devraient avant tout servir à financer la société.
Tiens donc... Vilains robots, aveuglés par l'appât du gain.

Retrouvez les sources sur http://bit.ly/DTG-AttaqueDesRobotsTraders

DTG#08

MAIS OUI, MAIS OUI ! L'ECOLE EST FINIE !

La cloche a sonné, ça signifie...

Ah, l'école ! On a beau râler pendant toutes ces années, on y apprend quand même un paquet de choses, en cours ou en dehors. Sur nous et sur les autres. A-t-on raison de la voir comme un lieu d'apprentissage collectif où grandissent de jeunes citoyens ? Car, ces derniers temps, elle devient aussi un enjeu économique et sa privatisation a de quoi soulever quelques questions.

UNE SINCÈRE PRIORITÉ...

En 2000, à Dakar, lors du Forum mondial sur l'éducation, 164 pays adoptent le programme « Éducation Pour Tous ». Une liste ambitieuse de 6 objectifs visant à améliorer l'accès à l'éducation d'ici à 2015.

La même année, à New York, 193 États membres de l'ONU signent la « Déclaration du Millénaire ». 8 objectifs affichés également pour 2015 afin de préserver le développement mondial.

L'accès à l'éducation apparaît en deuxième position.

...MAIS UNE DURE RÉALITÉ

L'intention est vertueuse mais, 15 ans plus tard, les résultats n'étaient pas au rendez-vous. En 2012, il restait 121 millions d'enfants non scolarisés et, surtout, les inégalités se creusent. Les enfants les plus pauvres ont désormais 4 fois moins de chance d'aller à l'école que les plus riches.

SAINTE CONCURRENCE

Alors certains économistes préconisent une solution plus radicale : privatiser le système éducatif. Car plus de concurrence, c'est plus de motivation pour mieux enseigner. C'est bien connu.

Selon la Société financière internationale, le marché de l'éducation privée représenterait 380 milliards d'euros. De quoi susciter des vocations.

L'entreprise anglaise Pearson, leader mondial du secteur, affichait 6,9 milliards d'euros de chiffre d'affaires en 2014, dont 61% en Amérique du Nord.

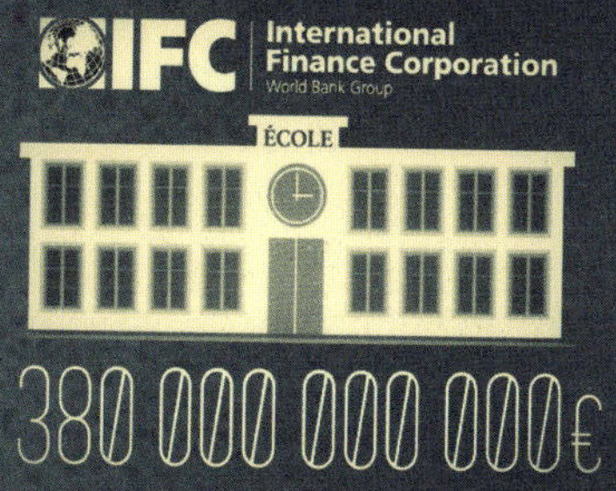

Manuels scolaires, formation des professeurs, évaluation des élèves, pas d'inquiétude Pearson s'occupe de tout.

LES ÉCOLES EN KIT

Pour les pays en développement, le groupe britannique a même lancé des écoles « low cost » grâce à sa filiale Bridge International Academies.

Présentes en Inde, au Ghana ou au Kenya, ces écoles sont livrées en kit, des plans du bâtiment aux manuels scolaires, et les cours sont dispensés par des professeurs formés en 5 semaines.
Au Ghana, par exemple, l'enseignement est facturé à la journée et les paiements sont contrôlés par un bracelet électronique porté par chaque élève. Si la facture n'est pas réglée le 5 du mois, c'est l'exclusion.
Un apprentissage radical de la comptabilité.

LES CHARTER SCHOOLS

Au lendemain de l'ouragan Katrina, la Nouvelle-Orléans est devenu un laboratoire de l'enseignement privé. En moins de 10 ans, 84 des 89 écoles sinistrées ont été réhabilitées sous forme d'écoles privées : les « charter schools ».

Alors qu'avant la catastrophe, 65% des écoles de la ville étaient sous les standards d'éducation nationaux, aujourd'hui elles ne sont plus que 6%.

Mais l'excellence a un coût. Des établissements excluent plus de 50% de leurs élèves. Quant à l'égalité de l'accès à l'enseignement, elle n'est plus au programme : les écoliers noirs ont 69% de chances de plus de se retrouver dans les établissements les plus pauvres.

LES FRISKOLES

En Suède, dans les années 1990 sont nées les « Friskoles ». Payées par les impôts mais gérées par des entreprises privées, ces écoles gratuites ont vite attiré entreprises et fonds de pension. Et ça se comprend : en 2013, elles auraient dégagé 2,5 milliards d'euros de bénéfices en encaissant les chèques éducatifs distribués par l'État.

Une belle réussite, sauf quand les cancres font plonger toute la classe. En 2013, la société danoise John Bauer fait faillite. Propriétaire de 31 écoles, elle laisse sur le carreau 11 000 élèves et 1 000 professeurs.

Autre inconvénient de ce système : lorsque les élèves sont moins nombreux, la rentabilité vacille. Comme en 2008, où ces écoles privées suédoises ont équilibré leurs budgets en tranchant dans les moyens pédagogiques.

Du coup, en 2013, dans le classement des pays de l'OCDE sur la qualité de l'enseignement, la Suède a chuté de la 5e à la 30e place.

Faire de l'école un bien privé, c'est la rendre vulnérable aux mêmes crises économiques que n'importe quelle entreprise. À ce détail près que les produits qu'elle « vend » font partie des socles de nos démocraties, comme l'accès au savoir ou l'apprentissage de la vie en société. Des biens communs en somme.

Retrouvez les sources sur http://bit.ly/DTG-Ecole

DTG#09

INTERMITTENT, PRECAIRE A TEMPS PLEIN ?

Le roseau a beau être flexible, arrive un moment où il casse.

Vilains saltimbanques qui feraient sauter la banque de l'assurance chômage ! Qui se cache donc derrière les intermittents du spectacle ? En 2015, ils étaient 254 394 à avoir cotisé à ce régime. Car, oui, l'intermittence n'a rien d'un merveilleux statut d'artiste, c'est un régime de chômage parmi d'autres.

COMMENT ÇA MARCHE ?

Celles et ceux qui en dépendent cotisent aux caisses de l'Unédic, comme tout le monde et même un peu plus : un salarié dépendant des annexes 8 ou 10 de l'Unédic reverse 3,8% de son salaire quand un salarié du régime général en reverse 2,4%.

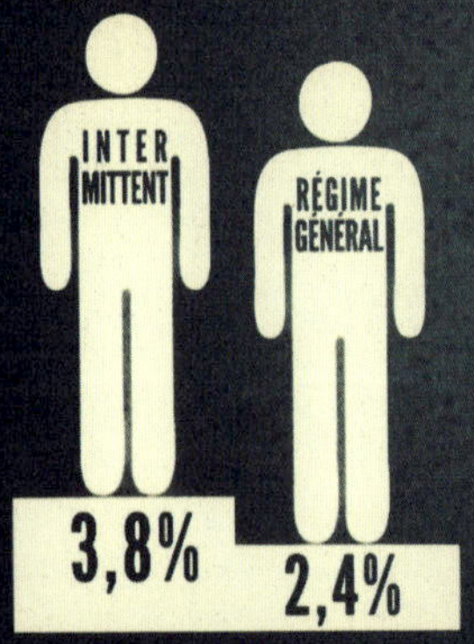

Peu importe, en France, il n'y a pas de concours au meilleur cotisant. C'est la base du système de redistribution : ceux qui travaillent financent, par solidarité, ceux qui ne connaissent pas le plein emploi.

Et comme la roue tourne, chacun peut être amené à en bénéficier à son tour.

Mais dépendre d'un régime ne veut pas forcément dire en toucher de l'argent. Sur l'ensemble des cotisants au régime de l'intermittence, moins de 43% ont été indemnisés a minima une journée en 2011, pas même la moitié. 108 700 travailleurs du secteur. 1,9% de plus qu'en 2010 et 2,1% de plus qu'en 2003.

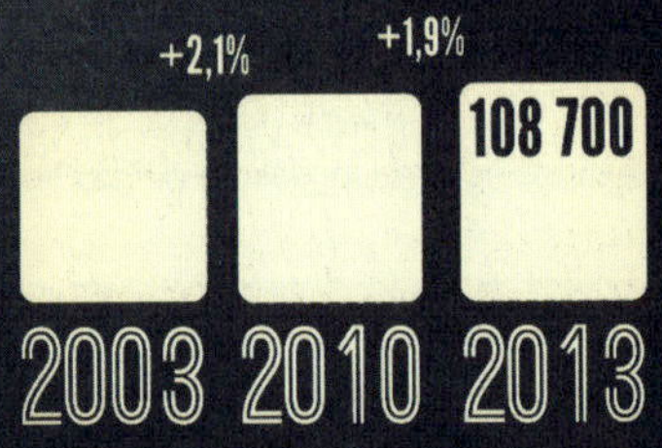

Quel bond magistral…

REMONTONS UN PEU LE TEMPS

Cette année-là est créé un nouveau régime salarié appelé :

INTERMITTENT À EMPLOYEURS MULTIPLES

Il est spécifiquement pensé pour les techniciens et cadres du cinéma et, surtout, il est défendu par les producteurs de cinéma qui n'arrivent pas à trouver du personnel.
Bien au chaud avec un patron fixe et une paie annuelle, peu nombreux sont celles et ceux qui acceptent à l'époque de travailler sur des périodes courtes et ponctuelles.

Progressivement l'intermittence est étendue aux techniciens du disque, puis de l'audiovisuel. Les artistes et les techniciens du spectacle vivant n'y sont rattachés qu'en 1969.

L'intermittence permet donc, à l'origine, à un employeur d'avoir une main-d'œuvre plus flexible en échange d'une certaine protection sociale pour celles et ceux qui acceptent ces conditions, précaires par nature.

Donnant-donnant.

L'EMPLOI FLEXIBLE

CDD = 83%
CONTRATS SIGNÉS
ENTREPRISES + 10 SALARIÉS
PREMIER TRIMESTRE 2013

Depuis quelques années, l'emploi « flexible » est justement à la mode. Au premier trimestre 2013, les CDD représentaient plus de 83% des contrats signés dans les entreprises de plus de 10 salariés. Un record depuis 2000.

Mieux : en 10 ans, entre 2003 et 2013, les CDD de moins d'un mois ont plus que doublé, passant de 1,8 à 3,7 millions.

DTG #09

BONJOUR L'EMPLOI PRÉCAIRE

3 MILLIONS → 3,3 MILLIONS

CATÉGORIE A / ZÉRO HEURE DE TRAVAIL

1996 → 2013

500 000 → 1,7 MILLIONS

CATÉGORIES B ET C

1996 → 2013

Depuis 1996, les chômeurs de la catégorie A, ceux qui ne connaissent aucune période de travail, sont passés de 3 à 3,3 millions.

Mais les chômeurs des catégories B et C, qui travaillent régulièrement, sont passés de 500 000 à 1,7 millions.

PETIT SAUT OUTRE-MANCHE

En Angleterre sont apparus les contrats « 0 heure ». L'employeur ne s'engage à aucun minima d'heures travaillées, il se contente d'appeler le travailleur dès que nécessaire. Pratique.

22 MARS 2014

RETOUR EN FRANCE

L'accord sur l'assurance chômage signé le 22 mars 2014 pourrait également avoir de lourdes conséquences sur les intérimaires. Les deux tiers d'entre eux pourraient risquer de voir leurs allocations mensuelles réduites.

Une certaine idée des économies.

La question du régime de l'intermittence n'est qu'un arbre que l'on tente d'isoler pour cacher une sombre forêt. La réalité, c'est qu'à un besoin de flexibilité côté employeurs répond une précarisation des employés. Et l'on retombe sur la question de fond, posée par l'intermittence dès 1936 : quel est le donnant-donnant ?

Retrouvez les sources sur http://bit.ly/DTG-IntermittentPrecaire

DTG#10

NEUTRALITE, J'ECRIS TON NOM

Posséder une route n'autorise pas à choisir les voitures qui l'empruntent.

Les paquets, ce sont les petites valises qui transportent les informations circulant sur le réseau des réseaux. Tel qu'il a été créé, le Net n'est qu'un tuyau qui transporte tous ces paquets, de façon neutre, quelque soit leur contenu. C'est ce que l'on appelle « la neutralité du Net ».

CELA N'A RIEN DE NOVATEUR

Après la Seconde Guerre mondiale, en France, le Conseil national de la Résistance proclamait déjà la neutralité de la correspondance et l'appliquait à la Poste.

Le rôle du facteur est de transmettre la lettre de Jean à Stéphane.

Peu importe son contenu.

LE CONTRÔLE DES TUYAUX

Mais, Internet grandissant, les entreprises chargées de gérer les tuyaux – les fournisseurs d'accès – ont pris de l'importance. Or les plus gros opérateurs, comme les Américains Time Warner ou ComCast, produisent aussi des contenus pour remplir ces mêmes tuyaux.

Du coup, quand ils voient passer gratuitement sur e Net des choses similaires à ce qu'ils vendent dans leurs offres câblées, la tentation est grande de fermer le robinet.

LA BIDOUILLE DES PAQUETS

En 2008, aux États-Unis, ComCast a été condamné par la FCC, la Commission fédérale des Communications.

Le géant américain avait tranquillement choisi de modifier les « paquets » provenant de BitTorrent, un réseau d'échanges de fichiers en peer-to-peer.

Ces paquets, une fois transformés, faisaient sauter la connexion de l'utilisateur et empêchaient le transfert.

En 2013, en France, l'opérateur Free a supprimé par défaut chez ses abonnés toutes les publicités sur Youtube.
De quoi faire pression sur le géant Google.

Deux exemples où, non seulement le facteur ouvre l'enveloppe mais en plus il réécrit la lettre selon ses besoins !

L'EXCUSE DES BOUCHONS

Dernièrement, la surcharge du réseau est devenue le nouveau chiffon rouge agité par les géants des télécoms. Certains fournisseurs de contenus « boucheraient » les tuyaux !

Selon une étude, Netflix par exemple utiliserait 34% de la bande passante aux États-Unis aux heures de pointe.

Étude menée par l'entreprise canadienne Sandvine, dont le business est justement de vendre des outils de régulation du réseau.

C'est d'ailleurs les services de Sandvine qui bridaient BitTorrent dans les tuyaux de ComCast.

Un détail.

DES PÉAGES EN OR

Heureusement, les fournisseurs d'accès ont la solution miracle : faire payer les services les plus gourmands, comme Netflix. Ceux qui pourront signer le chèque deviendront alors prioritaires dans les tuyaux.
Comme si on ouvrait une voie VIP sur toutes les autoroutes, uniquement réservée à quelques grosses berlines. Pendant que les autres restent coincés dans les bouchons.

La bataille en cours est bien celle des contenus et de leur business.

VERTUS DU BROUILLARD

L'accord TISA, en négociation depuis 2012 au sein de l'Organisation mondiale du Commerce, le confirme. Il doit encadrer le commerce des services entre 50 pays du globe, 70% du marché mondial.

Et l'un de ses paragraphes pourrait bien tordre la neutralité du net. Celui qui soumet « l'accès aux services et applications à une gestion raisonnable du réseau ».

Juste ce qu'il faut de flou pour permettre un Internet à deux vitesses.

Et, pendant que les grosses berlines rouleront sur leur voie privée, tous les autres contenus resteront dans les bouchons.

Les posts de blogs, les vidéos anodines, les services encore inconnus, tout ce que chaque citoyen pourrait avoir envie de publier ou créer, librement.

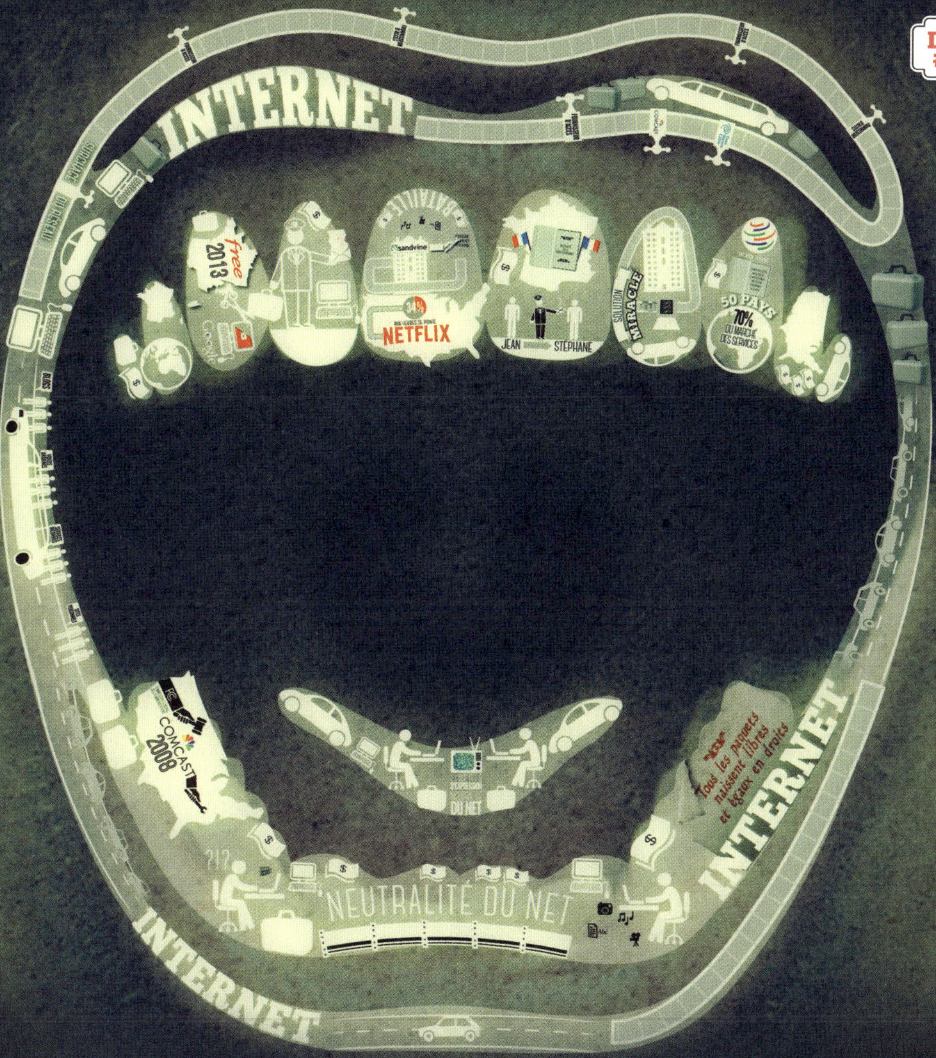

En visant la neutralité du Net, les fournisseurs d'accès s'attaquent à la liberté d'expression en ligne. Et glissent vers un modèle qui a fait ses preuves : la télévision. Où quelques-uns décident ce que la masse doit voir.

Retrouvez les sources sur http://bit.ly/DTG-Neutralite

DTG#11

AMAZON DE TURBULENCES

Quand on laisse ses clés à quelqu'un, il y a toujours un risque qu'il change la serrure.

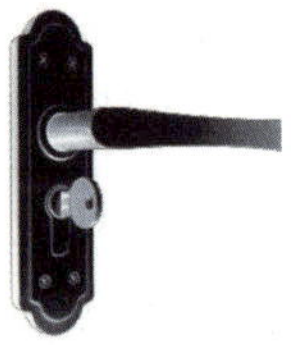

Plus de 200 000 employés, 7 millions de mètres carrés d'entrepôts à travers le monde, 107 milliards de dollars de chiffre d'affaires en 2015… Jeff Bezos fut bien inspiré lorsqu'il décida de choisir le nom du plus grand fleuve au monde pour sa librairie en ligne. C'était en 1995 et dans un garage naissait un ruisseau nommé Amazon. Que l'histoire est belle.

AMAZON AUJOURD'HUI

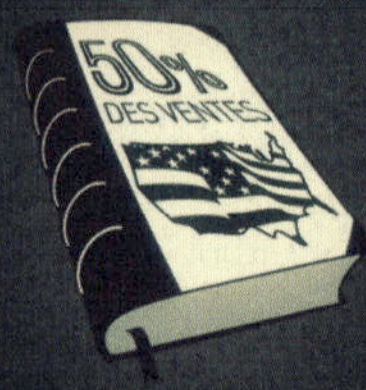

Amazon représente 50% des ventes de livres aux États-Unis et il pourrait être le premier libraire français en 2017.

Du coup, quand un éditeur comme Hachette refuse de baisser sa marge sur les livres électroniques, Amazon sévit : précommandes impossibles, délais de livraison rallongés et augmentation des prix.
Et toutes ces faveurs rien que pour Hachette, histoire que le message soit clair.

Les joies du monopole.

Mais en 20 ans, la librairie s'est diversifiée. Aujourd'hui Amazon est aussi le numéro 2 des ventes de musique en ligne, derrière Apple. Et puis il y a les tablettes, les téléphones, les films et les séries, les livraisons de produits frais, les dessus de lit et les rideaux, les chaises de jardin, les drones et même les navettes spatiales !

Tout marché est bon à prendre.

L'ESQUIVE FISCALE

Sauf que cette boulimie cache une autre stratégie. En réinvestissant presque tous ses gains, Amazon réduit ses profits et donc la part que pourraient en prélever les impôts.

Entre 2009 et 2013, les profits de l'entreprise aux États-Unis ont étrangement chuté : moins 75%, immédiatement suivi par les impôts payés sur le sol américain : moins 67%. Tiens donc !

Pourtant, sur la même période, le chiffre d'affaires a lui plus que doublé, passant de 34 milliards de dollars à près de 75 milliards.

Entre 2009 et 2014, le taux d'imposition mondial d'Amazon n'est que de 6%.

Belle optimisation !

Prenons l'Europe : 20 milliards de dollars de ventes en 2013 et par où passent-elles ? Deux filiales écrans situées au Luxembourg. Une jolie coquille vide qui réduit à quelques miettes toute forme d'imposition.

Un exemple, le Royaume-Uni. En 2013, Amazon engrange 4,3 milliards de livres sterling côté ventes et en reverse 4,2 millions à la couronne, soit une imposition de 0,1% ! Efficace. Mais un peu visible à la longue.

En octobre 2014, la Commission européenne a ouvert une enquête visant ces pratiques.

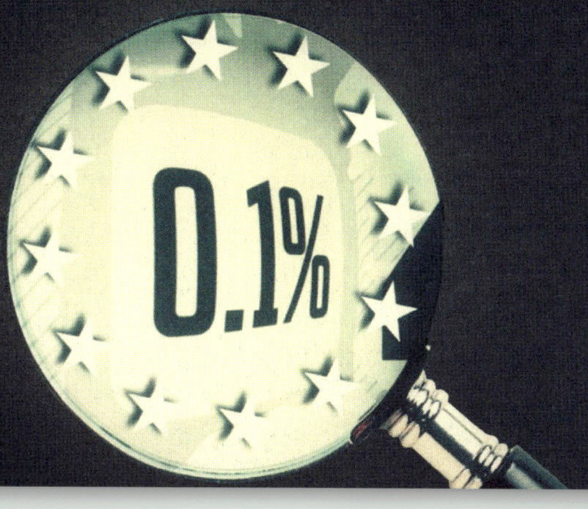

L'EMPLOYEUR DU MOIS

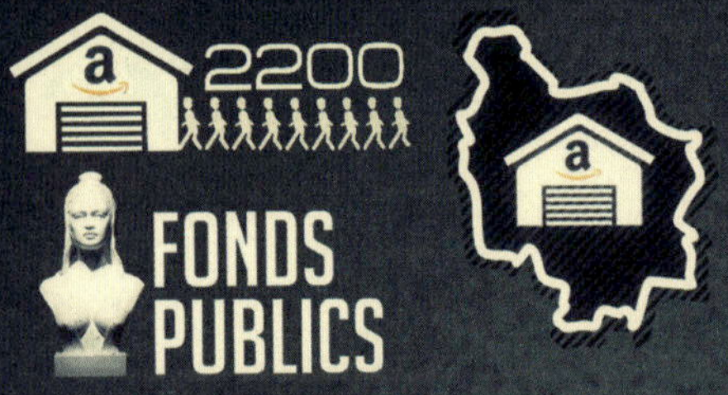

En même temps, Amazon crée des emplois. 2 200 postes, rien qu'en France. Mais… en grande partie financés par des fonds publics. Pour la seule installation de son centre en Bourgogne, le libraire à reçu 1 million d'euros de subventions.

Des employés géolocalisés dans les hangars, sauf pendant les deux seules pauses de 20 minutes autorisées chaque jour.

Et, en Angleterre, ils ont même droit à des points de pénalité en cas d'arrêt maladie. Au bout de 6, c'est le licenciement.

Il faut que ça file droit !

L'entreprise a d'ailleurs lancé un programme de recrutement dédié aux anciens soldats : Amazon Warriors.
Le business est un champ de bataille comme un autre.

LA TÊTE DANS LES NUAGES

Reste la botte secrète d'Amazon : le stockage de données, le cloud. Lancé en 2006, Amazon Web Services est le grand leader du domaine. Non seulement, parce qu'il fut le premier mais surtout grâce à ses prix qui ne cessent de chuter. En huit ans, ils ont baissé 42 fois ! Une fois tous les 2 mois. Du coup, tout le monde se presse sur ces serveurs. Netflix est l'un des plus gros clients mais le libraire héberge aussi des réseaux sociaux très courus comme Instagram ou Pinterest. Et encore, ce n'est rien à côté des 600 agences gouvernementales américaines qui utilisent Amazon Web Services aujourd'hui, dont la CIA et l'US Navy.

Derrière un empire tentaculaire, Amazon s'installe donc tranquillement au cœur de notre société ultra-communicante. Et son cloud, point de passage obligé, devient un nuage bien inquiétant.

Retrouvez les sources sur http://bit.ly/DTG-AmazonDeTurbulences

DTG#12

BIODIVERSITE, L'ESSENTIELLE DIFFERENCE

Lorsque tout devient identique, plus rien n'a de valeur.

L'homme transforme l'habitat de nombreuses espèce vivantes. Quand il ne les éradique pas purement et simplement. Or, elles sont toutes un maillon dans une mécanique du vivant bien plus large. Cette biodiversité fait la richesse du monde que nous habitons aujourd'hui. La diversité est même ce qui préserve le mieux chaque espèce. Irons-nous consciemment jusqu'à la sixième extinction massive d'espèces sur la planète ?

LE CYCLE DE LA VIE ?

Le chat miaule, la chouette hulule et le cougar… s'est tu. En 2011, ce puma de l'Est américain avait totalement disparu de la surface du globe.

Et il n'est pas le seul. Entre 1970 et 2010, plus de la moitié des espèces vertébrées de la planète se sont éteintes.

Mais pas d'inquiétudes, ce n'est pas la première fois. Depuis que la vie est apparue sur Terre, cinq grandes extinctions ont rayé de la carte la majeure partie des êtres vivants.

Cela dit, ce n'est pas si courant non plus. La dernière date de 65 millions d'années.

Mais revenons vers les humains.

L'HÉCATOMBE

Avant l'apparition de l'homme, le rythme d'extinction était de :

1 ESPÈCE PAR MILLION ET PAR AN

Aujourd'hui il atteint 100 voire :

1000 ESPÈCES PAR MILLION ET PAR AN

Une variété de grenouille sur trois est menacée, tout comme l'intégralité des hippopotames, gibbons, tapirs, dauphins d'eau douce, lamentins…

Au total, d'après l'Union internationale pour la conservation de la nature, sur les 76 000 espèces qu'elle surveille, près de 30% sont en danger.

LA MORT DES FORÊTS

La première menace, c'est la destruction de leur habitat. Entre 2000 et 2010, l'homme, cette espèce conquérante, a abattu :

13 MILLIONS D'HECTARES DE FORÊTS

2000 — 2010

Soit un quart de la France transformé chaque année en route, habitation, culture et autres…

Or c'est sous les arbres, surtout tropicaux, que se cache 80% de la biodiversité.

PAPILLONS VS HUILE DE PALME

En Indonésie, entre 1990 et 2005, 1,7 millions d'hectares de forêts ont été rasés pour faire pousser des palmiers dont on tire l'huile de palme.

C'est l'huile la plus consommée au monde, présente dans 80% de nos aliments préparés.

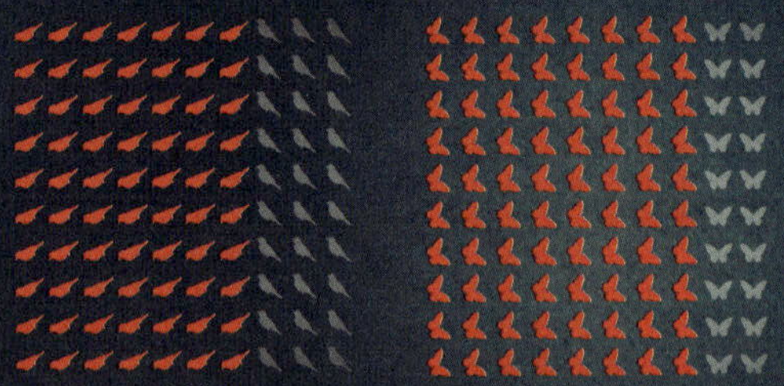

Dans ces plantations, le nombre d'espèces d'oiseaux a chuté de plus de 70% et celui des papillons de près de 80%.

CÔTÉ MER : PÊCHER PLUS POUR MANGER PLUS !

Le poisson-ballon, ou Fugu par exemple, dont les Japonais raffolent, a vu sa population s'effondrer de 99,99% en 40 ans !

Dans les zones polaires, celle du krill, une crevette microscopique, a chuté de 80%, victime de son huile riche en Omega3, parfaite pour les cosmétiques qui font rayonner nos visages… Mais mortel pour les populations de baleines et de pingouins dont le krill est la première nourriture.

Ces mêmes océans, en absorbant un quart du CO_2 émis par nos sociétés, deviennent de plus en plus acides.
Une menace directe pour les récifs coralliens qui abritent un tiers de la biodiversité marine.

VITALE DIVERSITÉ

Même quand il s'agit de produire lui-même sa nourriture, l'homme sélectionne, trie et standardise encore plus. En 1999, la FAO estimait que 75% des espèces cultivables avaient disparu en un siècle.

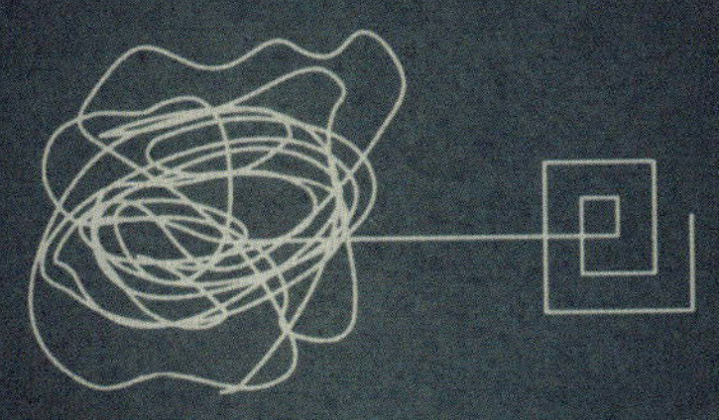

Voilà la maigre réserve de biodiversité qui constituerait les trois quarts de notre alimentation.

Or, la biodiversité est une arme imparable : face à une épidémie ou un virus, plus les profils génétiques sont différents, plus l'espèce a de chance de s'en sortir. En 2012, une étude portant sur les amphibiens a prouvé que, dans une population variée, la transmission d'un même virus était réduite de près de 80% !

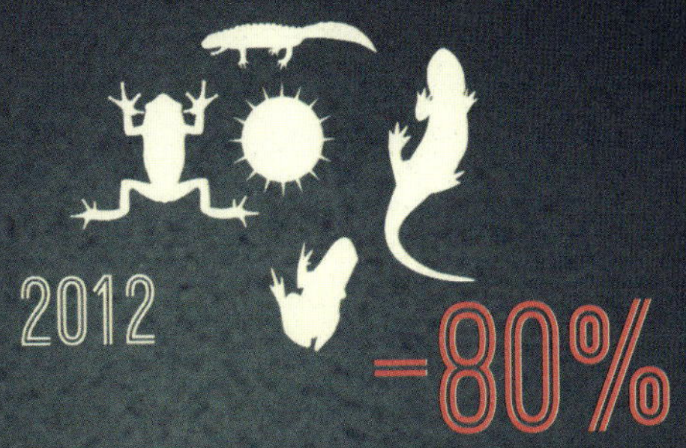

Alors que dans nos champs, chaque année, un simple parasite peut dévaster la quasi-totalité des cultures basées sur une seule et même graine.

La biodiversité est au cœur de la mécanique du vivant. Face au risque d'une sixième extinction massive, nos colocataires de cette planète disposent donc, dans leurs gènes de la meilleure arme qui soit.
Au pire, c'est sans doute ce qui leur permettra de survivre à l'homme.

MER
OMEGA3
CO2
1000 ESPÈCES PAR MILLION ET PAR AN
CHAQUE ANNÉE
INDONÉSIE
IUCN
2010
1970

RSITÉ
13 MILLIONS D'HECTARES DE FORÊT
1000 ESPÈCES PAR MILLION ET PAR AN
BIODIVERSITÉ
ALIMENTATION
MER
CO2
CHAQUE ANNÉE
INDONÉSIE
2012

MADE IN GERMANY

À trop regarder la copie de son voisin, on en oublie de remplir la sienne.

Ah, LE modèle allemand ! Depuis la crise de 2008, à en croire nos dirigeants, il semblerait qu'en matière d'économie, l'herbe soit plus verte outre-Rhin. Cela dit, ça n'a rien de nouveau.

À CHAQUE CRISE SON BON ÉLÈVE

Dès les années 1970 l'économie mondiale vacille, ébranlée par les chocs pétroliers. Tout le monde cherche alors à comprendre le « miracle japonais ».

Porté par le « Boom Izanagi », le Japon survole la crise avec plus de 10% de croissance par an !

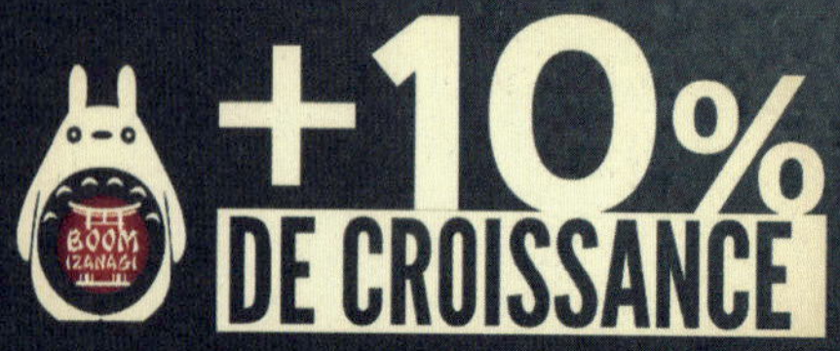

Mais, en 1990, la bourse de Tokyo s'effondre. Fin du mythe.

Peu importe : Américains et Britanniques prennent le relais. Le « modèle anglo-saxon » devient un nouveau phare dans la nuit.

Dérégulation et prise de risques sont les mots d'ordre de l'économie mondiale. Jusqu'à la désormais célèbre crise des subprimes en 2008.

LE MODÈLE ALLEMAND

Et voilà que surgit notre voisin d'outre-Rhin. Alors que l'Europe chavire, le « modèle allemand » semble être un vaccin contre la récession.

En Allemagne, au cœur de la crise, le chômage ne cesse de baisser. Entre 2008 et 2013, les exportations du pays progressent de 15%, passant de plus de 1 100 milliards d'euros à 1 280 milliards d'euros.
Soit plus que les exportations de la France et des Pays-Bas cumulés.

Côté croissance, c'est aussi le beau fixe. De -5,6% en 2009, le taux de croissance de l'Allemagne a bondi à 4,1% en 2010. Deux fois plus que les tristes 2% français.

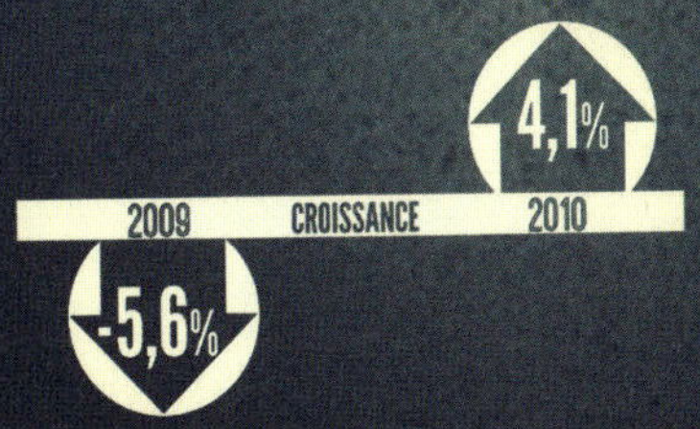

Ce serait lui l'artisan de ce « modèle allemand ».

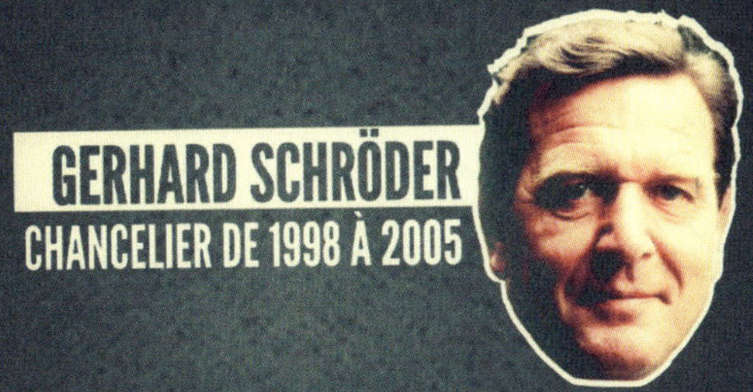

Début 2000, Gerhard Schröder lance une série de réformes baptisées « lois Hartz » avec un mot d'ordre : flexibilité. Entre 2003 et 2005, quatre lois entrent en application.

Successivement, elles facilitent l'intérim, développent les emplois précaires et peu taxés, favorisent la création d'entreprises, fusionnent allocations chômages et aides sociales et, pour finir, durcissent les conditions d'accès aux prestations sociales.

RÉSULTATS ?

10 ans plus tard, les effets sont visibles :

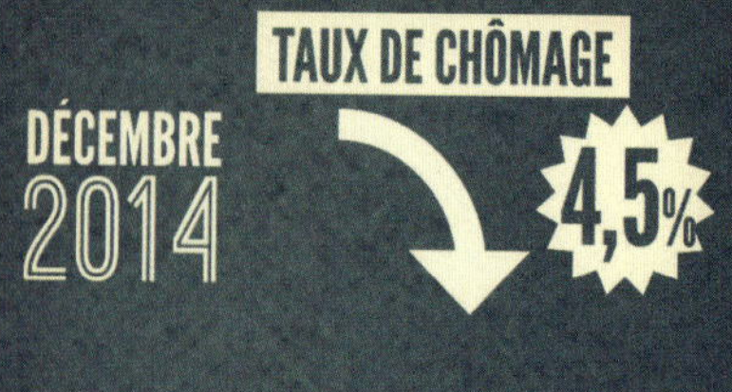

En décembre 2014, le taux de chômage en Allemagne est tombé à 4,5%, un record depuis la réunification.

Et les femmes en sont les principales bénéficiaires : entre 2005 et 2012, l'Allemagne a gagné près de deux millions de travailleuses, divisant par deux le chômage féminin depuis le début des années 2000.

Sauf que ces chiffres masquent une autre réalité. En 2012, 7,3 millions d'Allemands disposaient d'un « mini-job ». Pour ces emplois d'appoint à faibles charges, la rémunération ne peut pas dépasser 450 € / mois.

Et plus de 63% de ces emplois sont occupés par des femmes, notamment âgées. À cause des mini cotisations de ces mini contrats, ces travailleuses se préparent de glorieuses retraites à moins de 140€ par mois. Le modèle a ses failles.

LE CAPITALISME RHÉNAN ÉCLIPSÉ

Vieux de près de deux siècles, c'est le modèle du capitalisme rhénan qui a réellement permis à l'Allemagne de résister à la crise de 2008.

Un modèle décentralisé où la richesse est répartie sur le territoire, le Länder le plus productif ne produisant que 1,7 fois plus que le moins productif.

Où les secteurs industriels s'organisent pour réduire la concurrence, facilitant la recherche. Et où les salariés, dans les comités d'entreprise, disposent de droits de véto sur les grandes décisions.

Ce système a été notamment fragilisé par le fameux « modèle allemand » porté par Gerhard Schröder qui s'est surtout inspiré de la flexibilité anglo-saxonne.
En 2013, 12,5 millions d'Allemands vivaient sous le seuil de pauvreté, un record depuis 1990. 3,5 millions de salariés gagnaient moins de 6€ de l'heure. Du coup, depuis le 1er janvier 2015, l'Allemagne dispose d'un salaire minimum.

2013
SEUIL DE PAUVRETÉ
12,5 MILLIONS D'ALLEMANDS

L'herbe est toujours plus verte ailleurs.
Surtout quand on oublie de regarder celle qui pousse
sous nos pieds.

Retrouvez les sources sur http://bit.ly/DTG-MadeInGermany

DTG#14

BIG DATA : DONNEES, DONNEES, DONNEZ-MOI !

Si c'est gratuit, c'est que vous êtes le produit.

Ah, les données personnelles ! Elles volent partout, tout autour de nous. Notre position GPS, les calories perdues pour aller jusqu'au bureau, les heures de sommeil accumulées, le détail de vos virées en vélo ou en taxi, jusqu'à votre carte grise, une mine d'informations. Tous ces chiffres, une fois récupérés et bien stockés, c'est ce que l'on appelle le BIG DATA.

COLLECTER POUR MIEUX CIBLER

Ces données, nous en sommes les principaux émetteurs, volontairement. Elles documentent de plus en plus chacune de nos activités et ce n'est qu'un début.
En 2020, il devrait y avoir jusqu'à 50 milliards d'appareils connectés à Internet. Autant de sources pour alimenter le big data.

IBM, leader du secteur, a investi 24 milliards de dollars ces dix dernières années sur la seule analyse des données.
Voilà une belle promesse !

Quel est l'enjeu de cette boulimie de données ?

PAS D'INQUIÉTUDES, C'EST DU DONNÉES-DONNANT

Prenons les « maisons intelligentes », des habitations dotées de capteurs qui analysent notre quotidien. Allstate, un assureur américain, offre déjà 25% de remise à tous les propriétaires qui en équiperaient leur habitation. Étonnant…

Autre secteur : les voitures. Des boîtiers installés dans les véhicules permettent aux conducteurs de jouer avec leurs propres statistiques.
Mais l'assureur, lui, les analyse pour affiner des profils types, les bonus et les malus, et donc des contrats types. Pourquoi s'en priver ?
En France, 70% des automobilistes seraient prêts à équiper leur voiture de capteurs en échange d'une ristourne sur leur contrat.

ET LA SANTÉ ?

Axa offre à certains de ses assurés français un bracelet connecté : calories brûlées, rythme cardiaque, oxygène dans le sang, il stocke tout un flot de données passionnantes.

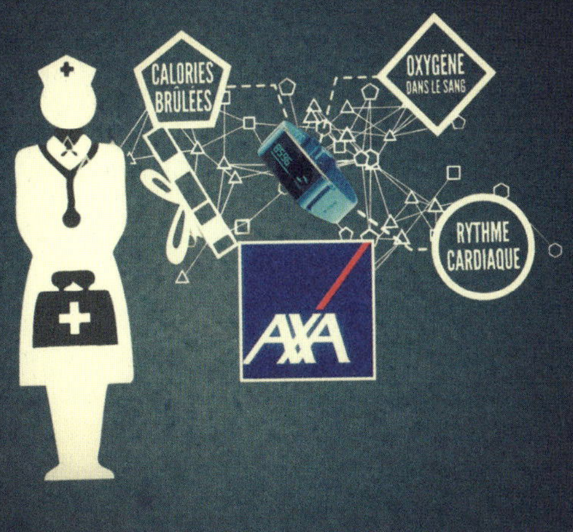

Du coup l'assureur vous récompense s'il détecte un mode de vie sain : jusqu'à 100 € si vous effectuez plus de 10 000 pas par jour. Car un assuré en bonne santé, c'est un assureur comblé.

ET LE CRÉDIT ?

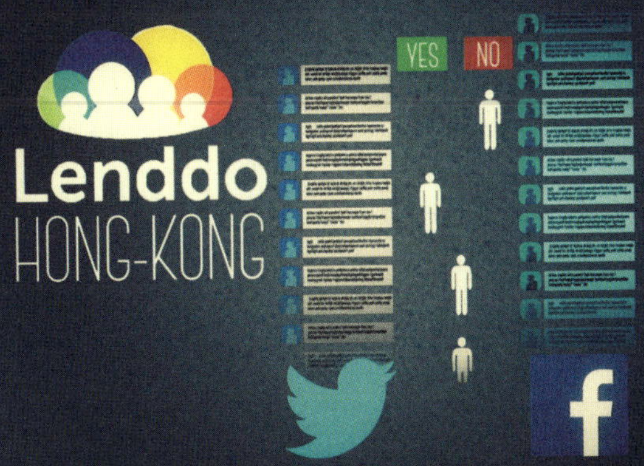

Lenddo, basée à Hong-Kong, scrute les flux Twitter et Facebook pour déterminer si ses clients méritent un prêt.
Ou pas.
Kreditech en Allemagne fait de même.
L'entreprise analyse pas moins de 8 000 paramètres depuis votre localisation jusqu'à vos achats en ligne. Ou encore Zestfinance qui capte 70 000 flux différents pour évaluer le risque lié à ses clients.

VOTEZ, VOUS ÊTES CIBLÉS

Puisqu'il y a aussi du risque en politique, le big data doit pouvoir aider lors des élections. Les équipes de Barack Obama ne s'y sont pas trompées.

★ÉLECTIONS★
BIG DATA

Les fonds collectés lors de la campagne démocrate de 2012 ont atteint des records, plus d'un milliard de dollars.

Près de 70% étaient issus de dons en ligne : merci les données personnelles ! Grâce aux informations collectées sur les votants, le staff de l'actuel président américain a pu cibler au mieux les appels aux dons.

De la même manière, ils ont pu analyser les comportements d'électeurs clés, les fameux :

INDÉCIS

En Ohio, par exemple, les données de 29 000 votants furent injectées dans une machine qui a reproduit 66 000 fois l'élection suivant différents scénarios. En simulant leurs comportements, les équipes d'Obama ont pu déduire quels arguments sauraient les faire basculer dans leur camp.

RAYID GHANI

Au fait. Rayid Ghani, LE scientifique des données pour Obama, n'est pas un novice : le big data lui permettait déjà de maximiser l'efficacité des promotions dans les supermarchés.
Il n'y a pas de hasard.

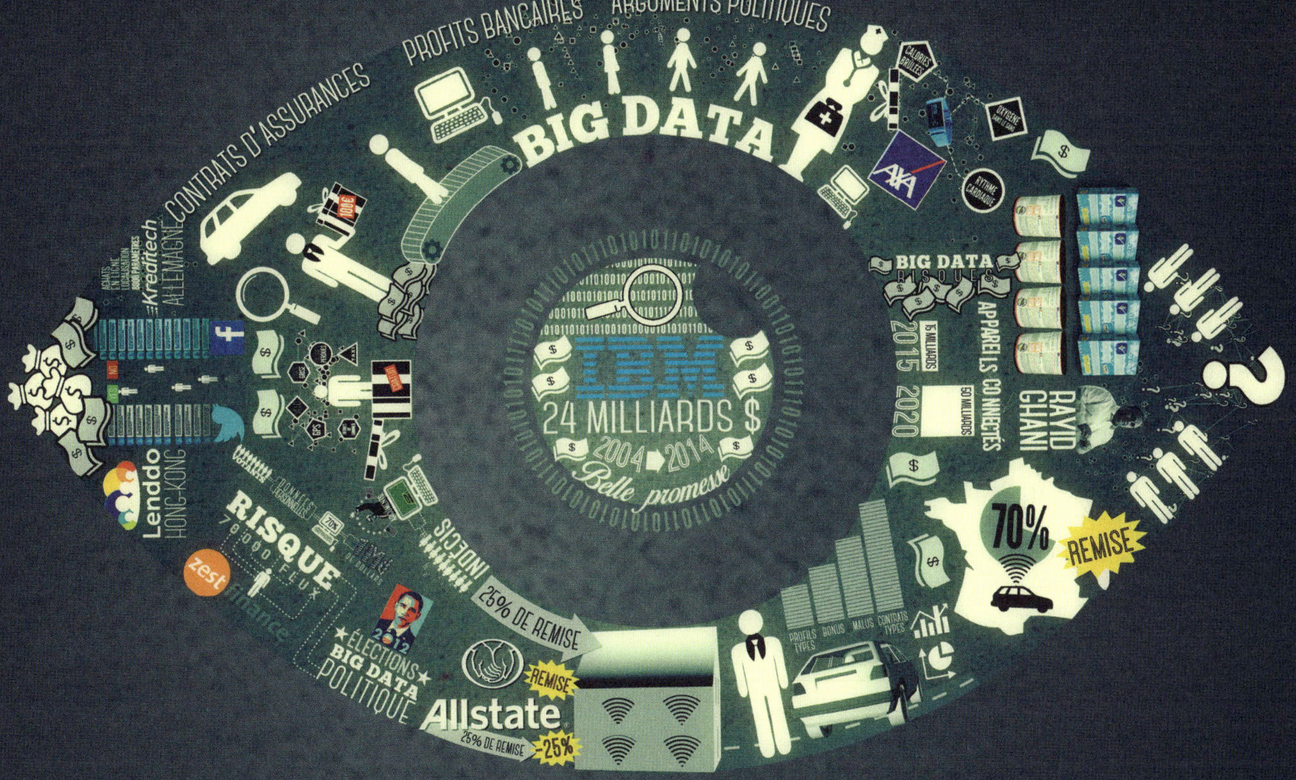

Ces données, que nous libérons gratuitement et volontairement à chaque instant, permettent d'optimiser nos tâches quotidiennes. Mais aussi les contrats d'assurances, les profits bancaires ou les arguments politiques. En limitant les risques, le big data espère rentabiliser le monde. Un monde où ceux qui utilisent ces données décident de ce qui est bon, ou mauvais.

Retrouvez les sources sur http://bit.ly/DTG-BigData

DTG#15

CHARBON : LE FOSSILE QUI A DE BEAUX RESTES

Tant qu'une braise fume, c'est quelle brûle encore…

Ça y est ! Nous y voilà enfin ! La transition énergétique a bien eu lieu. Adieu, pétrole et gaz bien trop polluants, la première source d'énergie dans le monde est… le charbon.

LE RÈGNE DU CHARBON

Et oui, c'est la source d'énergie la plus polluante et, pourtant, nous n'en avons jamais consommé autant qu'aujourd'hui.

En 2012, le charbon représentait 44% des émissions de CO_2 dans le monde, un record.

En même temps, les réserves sont considérables : près de 870 milliards de tonnes disponibles sous nos pieds. De quoi alimenter les 2 300 centrales à charbon réparties sur le globe et tenir 115 ans avec notre consommation actuelle.

Alors pourquoi se priver ?

L'EMPIRE DU MILIEU

Le charbon est bon marché, c'est tout son charme. Ainsi, il permet l'accès à l'électricité pour le plus grand nombre.
Regardons la Chine par exemple. Elle concentre à elle seule 48% de la consommation mondiale de charbon.

Entre 1980 et 2008, ses besoins ont augmenté de 400%, passant de 626 millions de tonnes à 2,7 milliards et permettant l'électrification des campagnes.
Avec 82% de son électricité issue du charbon, la Chine peut donc devenir l'usine du monde. Et produire, par exemple, 60% des panneaux solaires vendus sur la planète.

Tout se paie.

NUAGE NOIR

D'ailleurs, nos chers outils numériques sont aussi friands de ce caillou noir. En 2012, les centrales à charbon, principalement américaines, alimentaient 40% des serveurs de Facebook et plus de 55% de ceux du cloud d'Apple.

EN EUROPE

La Chine et les États-Unis ne sont pas les seuls. Ces dernières années, l'Europe ne cesse d'augmenter sa consommation de charbon. Entre 2009 et 2012, celle de l'Allemagne a grimpé de 9% et celle de l'Angleterre de plus de 30% !

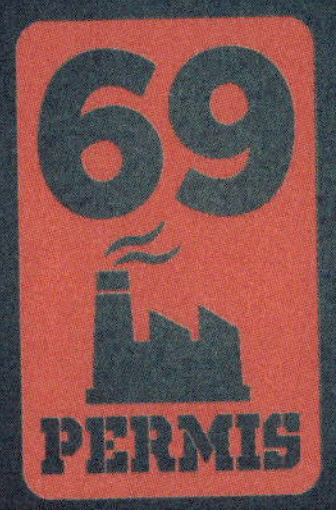

69 permis de construction pour de nouvelles centrales ont été déposés en 2012 en Europe, dont 14 en Ukraine, 13 en Pologne et 10 en Allemagne.
En période de crise, une énergie bon marché, même sale, ça ne se refuse pas.

LE BUSINESS DE LA SUIE

Cela n'a pas échappé aux États-Unis. Même s'ils restent les seconds consommateurs de charbon au monde, les Américains ont réduit leur consommation en exploitant les gaz de schiste devenus moins chers. Du coup, leur réserve de charbon, la plus importante au monde, est devenue un formidable produit d'exportation.

Ces trois dernières années, la tonne de combustible américain a ainsi chuté de 130$ à 80$. Entre 2003 et 2013, les importations européennes de combustible US sont passées de 13 millions de tonnes à 47 millions ! Faisant tourner nos belles centrales à plein régime.

DÉGÂTS ENVIRONNEMENTAUX

Contrairement à sa valeur marchande, les coûts du charbon sont considérables. En 2012, les centrales américaines ont déversé plus de 36 000 litres d'arsenic, 30 000 litres de plomb et 1 300 litres de mercure dans les cours d'eau du pays.

Et puis, tant qu'à faire, pour faciliter son exploitation, autant ouvrir les montagnes par le haut. Depuis 1976, 2 700 collines ont été décapitées dans le massif américain des Apalaches, créant ainsi plus de 180 000 hectares de mines à ciel ouvert.

DÉGÂTS HUMAINS

Quant aux mines qui sont encore sous terre, elles coûtent de nombreuses vies. En 1906, la plus grande catastrophe minière d'Europe avait tué 1 099 mineurs à Courrières, dans le Nord de la France. Près d'un siècle plus tard, c'est le tribut humain que paie la Chine chaque année. Le gouvernement parle même directement de « morts par mégatonne de charbon produit ». Tout simplement. En 2012, par exemple, ils ont comptabilisés 3 morts par mégatonne, soit 1 300 morts en une seule année.

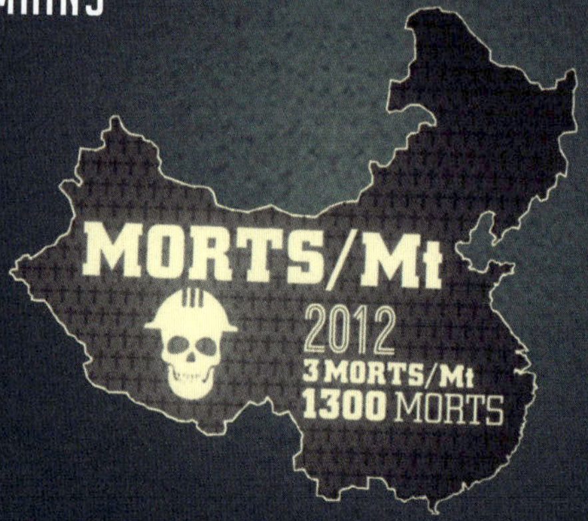

À l'heure du changement climatique
et des belles déclarations d'intentions sur les énergies « vertes »,
bienvenue dans un monde de suie.

Retrouvez les sources sur http://bit.ly/DTG-Charbon

DTG#16

QUAND LA BOUCHERIE, LE MONDE PLEURE

Si la chair est faible, ses impacts sont forts.

Quand elle arrive dans notre assiette nous ne voyons qu'un steak, un gigot ou une saucisse, mais la viande c'est bien plus que ça. Face à la démultiplication de notre appétit carnivore, l'industrialisation massive de la production de viande a désormais des impacts environnementaux et sanitaires considérables.

DANS L'ASSIETTE MONDIALE

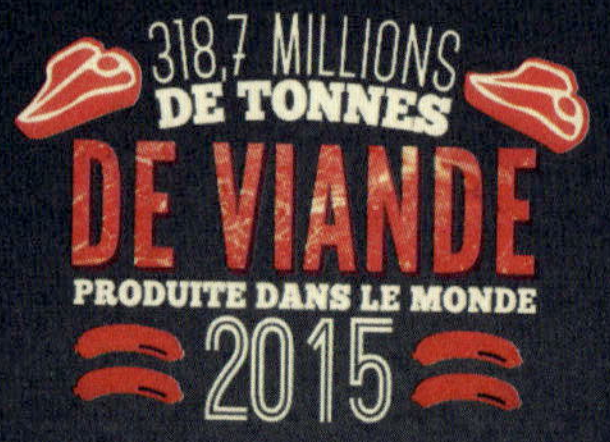

318,7 millions de tonnes, c'est la quantité de viande produite dans le monde en 2015 grâce aux 66 milliards de bêtes que nous élevons chaque année. 26% de plus qu'en 2003.

En 2013, le lait de vache, la viande de porc, de bœuf et de poulet étaient quatre des cinq produits agricoles les plus vendus dans le monde, cumulant un total de 679 milliards de dollars.

UNE RÉPARTITION INÉGALE

Entre 1970 et 2014, dans le monde, la consommation moyenne de viande par habitant est passée de 28,7 kg par an à presque 43 kg par an. Mais l'appétit n'est pas le même partout.

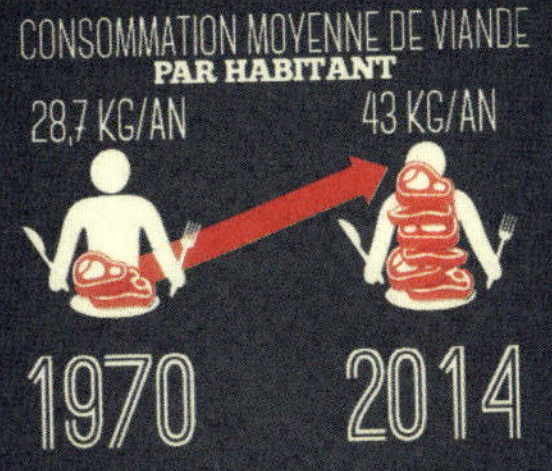

Quand on avale 33,7 kg par an dans les pays en développement, le total monte à plus de 76 kg par an dans les pays développés, plus du double.

LES BOVINS CHAMPIONS

Ce régime carné a quelques légers impacts. Avec plus de 7 gigatonnes d'équivalent CO_2 émis par année, l'élevage représente 14,5 % des émissions de gaz à effet de serre liés aux activités humaines. Plus que les émissions directes du secteur des transports. Les bovins sont incontestablement les champions toutes catégories.

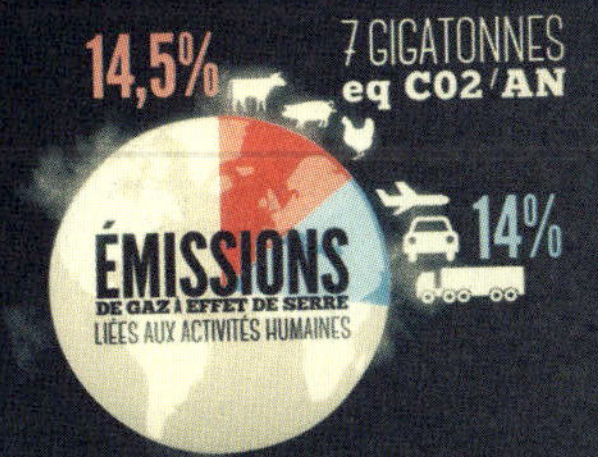

En 2010, que ce soit pour leur viande ou leur lait, ils cumulaient à eux seul 80% des émissions pour seulement 29% de la demande mondiale en viande.

POUR QUELS BÉNÉFICES ?

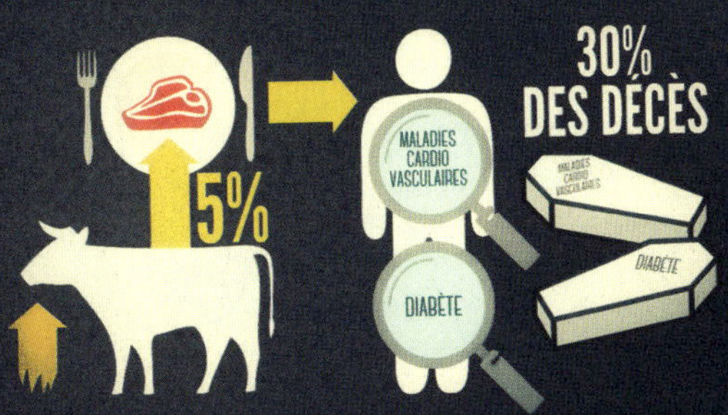

Pour nos organismes, manger du bœuf n'est pas franchement rentable. Seules 5 % des protéines ingurgitées par la bête au cours de son existence se retrouvent dans nos assiettes. Pire, la consommation excessive de viande rouge aggrave les risques de diabète et de maladie cardio-vasculaire. Deux pathologies qui représentent, à elles seules, 30 % des décès sur la planète. Selon l'OMS, la surconsommation de viandes transformées, comme le jambon ou les saucisses, pourraient même s'avérer cancérogène.

GOURMAND ÉLEVAGE

Nourrir nos steaks sur pattes demande aussi de l'espace. 75 % des terres agricoles du globe sont dédiées à faire pousser la nourriture de notre cheptel mondial.

Mais ce n'est pas tout. Il faut 13 500 litres d'eau pour produire un kilo de viande de bœuf.

Alors que porc, bœufs, poulets et autres animaux ne fournissent que 8 % des calories et moins de 18 % des protéines que nous mangeons annuellement. Seul 4 % du soja mondial est consommé par des humains. Ces mêmes cultures de soja qui sont responsables de 91 % de la déforestation amazonienne.

L'élevage représente 8 % de la consommation mondiale d'eau, là encore majoritairement pour faire pousser les fourrages qui viendront garnir les auges. Histoire de boucler le cycle naturel, après la digestion, les déjections des élevages intensifs finissent souvent par polluer les sols et les eaux alentours, notamment à cause des nitrates.

DÉCOUPES À LA CHAÎNE

Mondialisation oblige, l'élevage s'industrialise et ça vient de loin. Au début du xxe siècle, à Chicago, l'organisation à la chaîne dans les abattoirs permettait de tuer, éviscérer et découper une vache en 15 minutes. 12 millions de bêtes étaient ainsi avalées chaque année.

Une mécanique bien huilée qui inspira Henry Ford. En suivant l'exemple des abattoirs, il instaura le fordisme dans ses usines automobiles.

LA VIE SUR CAILLEBOTIS

Aujourd'hui, en France, 95% des porcs sont élevés sur caillebotis dans des bâtiments clos. Le mode d'élevage porcin le plus répandu au monde.

Et pour avoir des fermes intensives de porcs, il faut des fermes intensives de truies. Depuis 2011, à Trébrivan, dans les Côtes d'Armor, une maternité de 883 truies fait naître 23 000 porcelets par an.

Une miette comparée aux 100 millions de porcs et 10 millions de truies achetés par la Chine, premier importateur mondial, entre début 2014 et mi-2015.

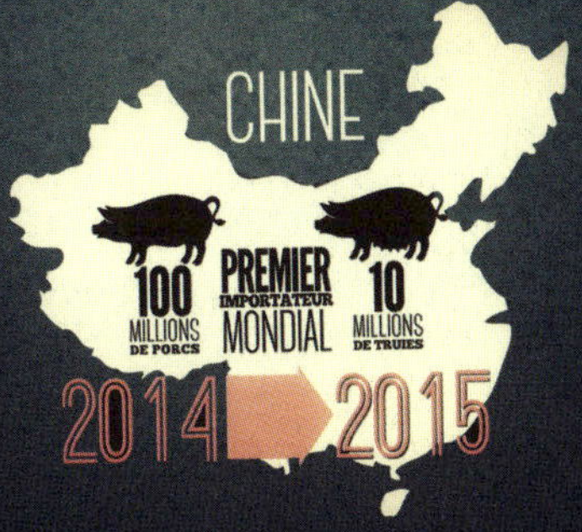

DTG #16

ACCROS AUX ANTIBIOS

Qu'elles accueillent des porcs ou des volailles, la promiscuité des fermes industrielles fait aussi la joie des bactéries. Et comme il vaut mieux prévenir que guérir, les animaux sont gavés d'antibiotiques.

En 2009, le bétail américain a reçu 13 000 tonnes d'antibiotiques. Soit 80 % des antibiotiques consommés dans le pays. Mais à force…

…LES BACTÉRIES DÉJOUENT LES PIÈGES

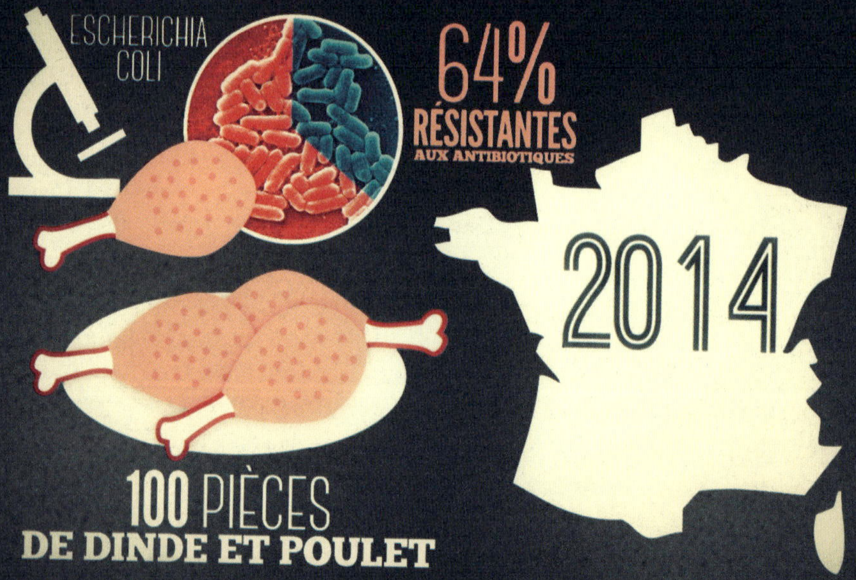

En 2014, sur un échantillon de 100 pièces de dinde et de poulet examinées en France, une sur quatre contenait des bactéries Escherichia coli. 64% de ces bactéries étaient résistantes à nos antibiotiques. Une brèche dans notre propre immunité. Bien joué.

DTG #16

Longtemps signe de richesse, la viande, en se démocratisant, s'est aussi industrialisée. Aujourd'hui, notre appétit excessif de carnivore grignote la planète et commence à créer de sérieux risques sanitaires. C'est peut-être le moment de revoir nos menus.

Retrouvez les sources sur http://bit.ly/DTG-QuandLaBoucherieLeMondePleure

DTG#17

ABREUVES DE BREVETS

Une chasse gardée est efficace quand elle est bien... gardée.

Il était une fois les brevets. Ces précieux petits morceaux de papier tamponnés furent créés pour protéger l'innovation et les inventeurs. Après avoir travaillé des années, celui ou celle qui obtient un brevet peut interdire quiconque d'utiliser sa trouvaille. Généralement sur une durée moyenne de 20 ans. Une manière de rentabiliser sa recherche.

LA BULLE DES BREVETS

En 2012, 2,35 millions de brevets ont été déposés dans le monde.

Presque 10% de plus qu'en 2011, un record sur les 18 dernières années.

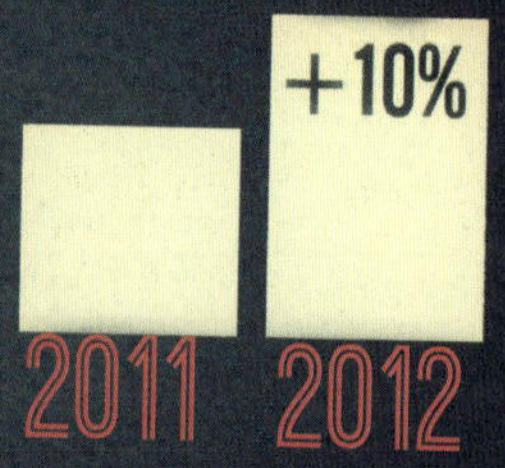

Et près de 50% d'entre eux furent validés. Ce qui donne plus d'un million de trouvailles protégées.

Que d'inventeurs sur notre planète !

À moins que les brevets ne servent à autre chose ?

BONJOUR « LES PATENT TROLLS »

Dans ces entreprises, principalement américaines, on ne produit rien, on ne fait qu'acheter des brevets et faire payer leur utilisation, limitant du même coup l'innovation. Pourquoi s'embêter à faire de la recherche alors que le business est ailleurs ?

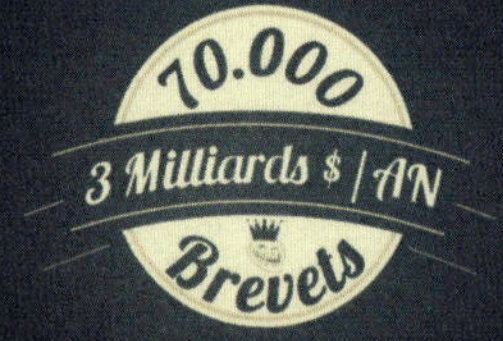

Intellectual Venture, le plus gros patent troll américain, détient à lui seul 70 000 brevets. L'utilisation de ses licences lui rapporte 3 milliards de dollars par an.

PATENT TROLLS MADE IN FRANCE

La France s'y met aussi, à la française. En 2011, le gouvernement de François Fillon crée la société « France Brevets », dotée de 100 millions d'euros grâce au Grand Emprunt.

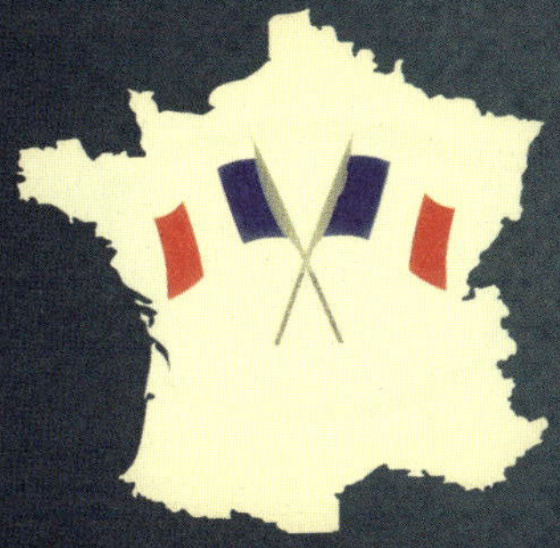

Sa mission : acheter des brevets et les valoriser. Un patent troll d'État en somme.

LA POULE AUX ŒUFS D'OR

Aujourd'hui, c'est dans le secteur des technologies informatiques et de l'énergie que l'on protège le plus d'inventions. Un effet de masse normal : pour protéger un smartphone, il faut environ 200 brevets différents.

Mais il y un autre secteur, plus discret par le nombre mais bien plus lucratif : les médicaments.

Le Lipitor, un anti-cholesterol, est le médicament le plus vendu au monde. Son brevet, détenu par la société Pfizer, lui a rapporté, entre 1991 et 2011, jusqu'à :

13 Milliards $ / AN

Plus de 15% de ses revenus.

Pfizer

Autre exemple : l'anti-diabétique Lantus, dont le brevet rapporte 7 milliards de dollars annuels à Sanofi.

LANTUS
7 Mds / AN
sanofi aventis

MALADIE
BREVET
BUSINESS

Une maladie, un brevet, un business.

DES MALADES BREVETÉS

En accordant des monopoles, les brevets permettent des dictatures commerciales. Chaque entreprise fixe son prix. L'Efivarenz, breveté par le laboratoire Merck, permet de lutter contre le SIDA. Difficile de s'en passer lorsqu'on est atteint.

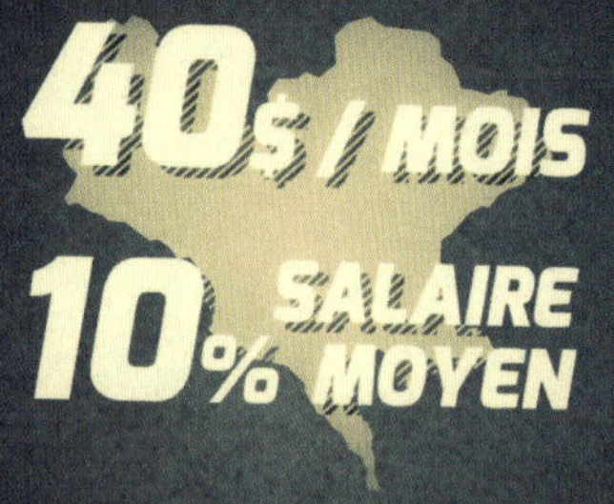

En Thaïlande, le laboratoire le vend à plus de 40 dollars par mois, 10% du salaire moyen.

Pourtant, l'Inde voisine fabrique un médicament générique du même traitement, moitié mois cher. En 2007, la Thaïlande a donc décidé de casser le brevet du laboratoire américain au nom de la santé publique et d'autoriser l'importation de génériques.

LES BREVETS, C'EST LA VIE !

Heureusement, il reste d'autres monopoles à conquérir. En 1994, la société Myriad Genetics a breveté 2 gènes liés aux cancers du sein et des ovaires. Ainsi, depuis 20 ans, Myriad Genetics bénéficie d'un monopole total sur le dépistage de ces deux cancers aux États-Unis, empêchant toute recherche alternative.

Mais la cour suprême des États-Unis a cassé ces brevets en 2013, expliquant que – oh surprise – l'ADN naturel n'était pas brevetable. Mais ajoutant que l'ADN complémentaire oui !

Superbe nuance.

L'ADN « complémentaire » n'est qu'une copie de l'ADN naturel réalisée en laboratoire.

ADN COMPLEMENTAIRE ADN NATUREL

Le secteur des biotechnologies reste donc protégé et la valeur boursière de Myriad Genetics continue de grimper.

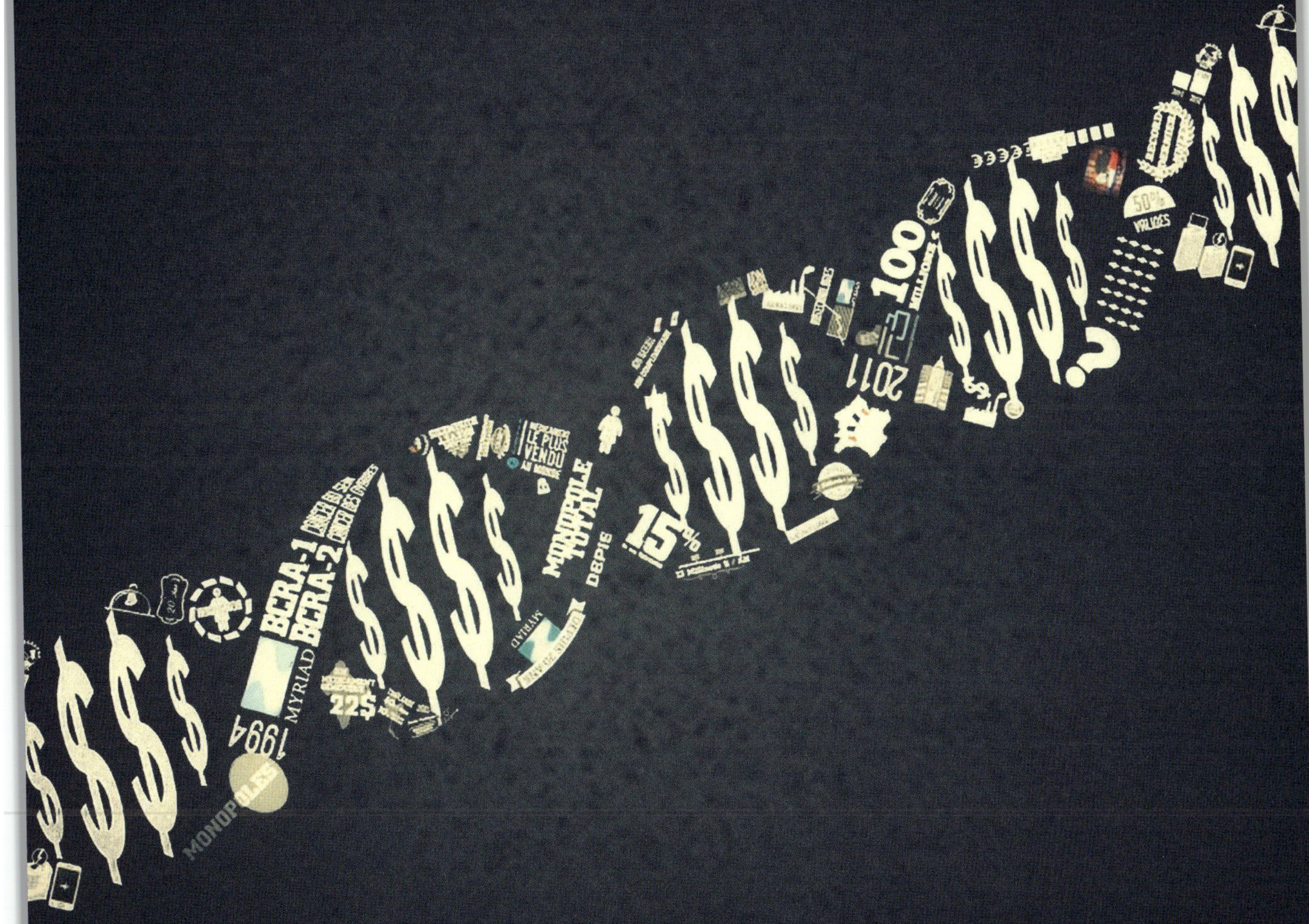

Prévus pour accompagner les inventeurs, les brevets
sont devenus aujourd'hui une véritable industrie du savoir.
L'enjeu n'est plus d'inventer utile mais surtout d'inventer rentable.
À croire que c'est dans nos gènes.

Retrouvez les sources sur http://bit.ly/DTG-AbreuvesDeBrevets

DTG#18

CONTAINERS : LA VIE EN BOITE

Dessiner des boîtes pour les moutons, c'est bien. Les transporter, c'est mieux !

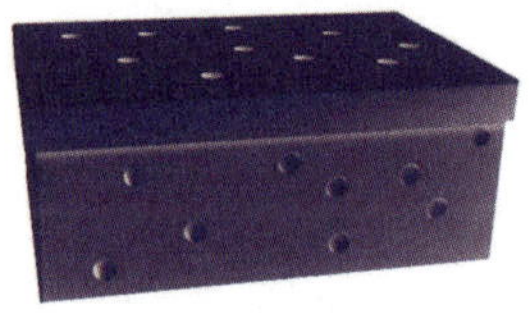

Je mesure 2 m 30 de haut pour une profondeur de près de 6 m, mon volume est de 33 m³ et je suis l'outil parfait de la mondialisation des échanges. Je suis, je suis, je suis... un container !

LA BOÎTE MAGIQUE

En 2005, 376 millions de containers avaient parcouru les mers du globe. Crise ou pas, 7 ans plus tard, en 2012, le trafic mondial de ces mêmes containers dépassait les 600 millions d'unités !

Voyons comment une boîte en métal est devenue l'étalon du transport mondial de marchandises.

TOUT COMMENCE PAR UNE BÊTE HISTOIRE DE BOUCHON

Patron d'une société de poids lourds, l'Américain Malcolm McLean décide de contourner les embouteillages en prenant le large ! Partant d'une remorque, il supprime roues, essieux et châssis puis décide de la charger sur un ancien pétrolier.

Le 26 avril 1956, son premier bateau quitte New York chargé de 58 containers de bière Ballantine's. Direction : Houston, Texas.

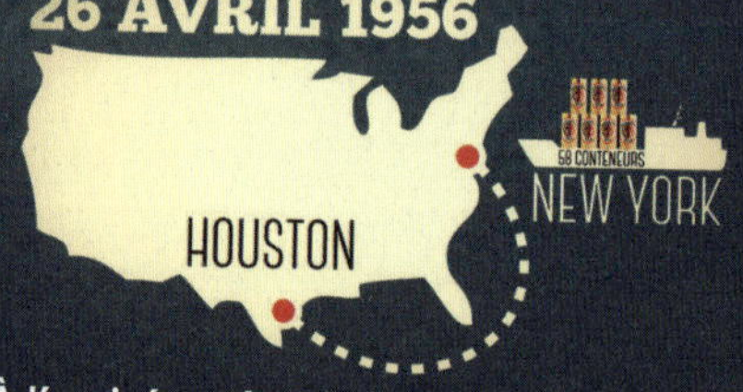

À l'arrivée, c'est le jackpot : une tonne de bière transportée par voie maritime revient 37 fois moins cher que via les routes. Champagne !

DES GI'S À BARBIE

McLean enfoncera le clou grâce à la guerre du Vietnam. En 1965, le port de Saïgon est tellement engorgé que l'armée américaine peine à ravitailler ses troupes.
McLean installe alors un autre port dans la baie de Cam Canh et sauve deux ans plus tard les GIs de la pénurie avec seulement 7 portes-containers.
Une démonstration parfaite, rapidement adoptée par l'industrie.

Dès les années 1980, le constructeur japonais Toyota réduit drastiquement ses stocks en s'appuyant sur la rotation des containers. Cette méthode, appelée le « Juste à temps » fait des émules.

Entre 1980 et 2004, le volume mondial de biens stockés est passé de 25% à 13%.

Adieu hangars.

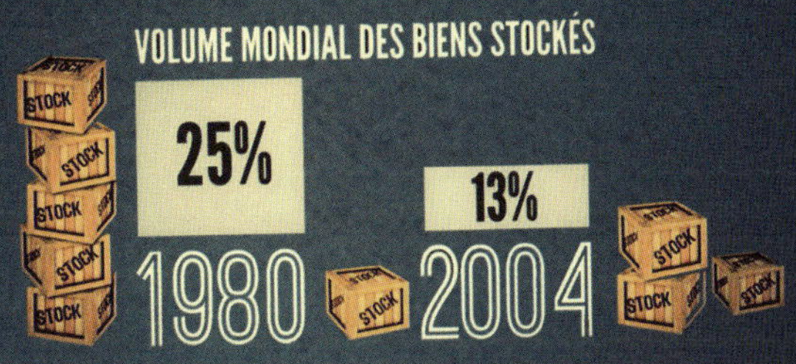

Avec un coût du transport en chute libre, tout devient plus simple ! Plus besoin de concentrer la production. Chaque élément peut être fabriqué là où c'est le moins cher puis transporté dans ces grandes boîtes.

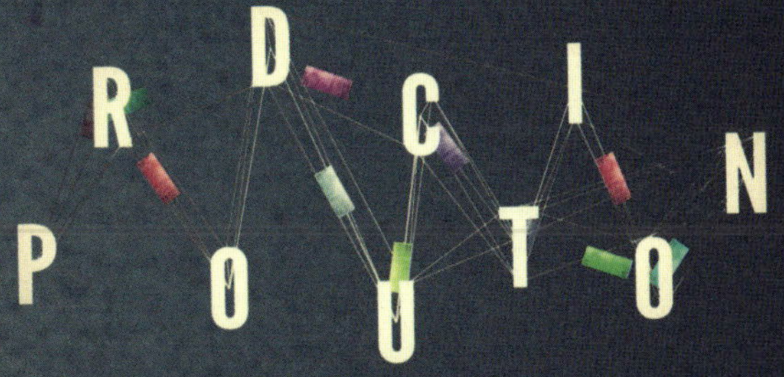

Mattel par exemple avait pour habitude de fabriquer ses jouets au Japon. En 1997, le « Plan global de Production » change tout cela. Dix ans plus tard, l'entreprise fait tourner 13 usines en Chine, Thaïlande, Malaisie, Indonésie et Mexique, auxquelles s'ajoutent plus d'une trentaine de sous-traitants. Rien qu'en Chine, Mattel emploie 60 000 à 80 000 personnes.

DTG #18

LE MONDE EN BOÎTES

Cerise sur le gâteau, ces containers permettent de simplifier les chargements et déchargement des bateaux. En 1950, il fallait plusieurs jours pour vider un bateau de quelques tonnes.

Aujourd'hui, des grues hautes de 61 m, pesant 9 000 tonnes, déchargent un container en 90 à 120 secondes.
Soit 30 à 40 containers par heure.

Efficace.

LA FOLIE DES GRANDEURS

Du coup, plus il y a de containers en circulation, plus les bateaux pour les transporter sont grands. Le CSCL Globe fabriqué par Hyundai est le dernier monstre en date. Près de 185 000 tonnes d'acier sur lesquels peuvent embarquer 19 100 boîtes.

De quoi contenir 189 millions de tablettes, soit plus de 90% des ventes dans le monde en 2013 en un seul bateau. Un gros père Noël.

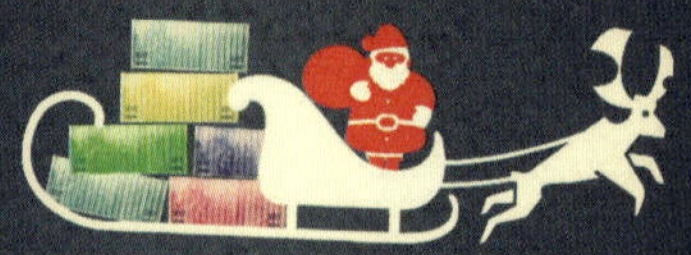

Dont le traîneau laisse quelques méchantes traces. Le carburant utilisé par ces géants des mers rejette 2 000 fois plus de soufre que le diesel. De quoi dégager avec un seul porte-container autant de polluants que 50 millions d'automobiles en une année !

HEUREUSEMENT, LE CHANGEMENT CLIMATIQUE EST LÀ

À trop grandir, ces porte-containers risquent de ne plus passer par les voies habituelles comme le détroit de Malacca ou le canal de Suez.

Durant l'été 2013, le Yong Sheng fut le premier de ces bateaux à rejoindre Amsterdam depuis la Chine en longeant le cercle polaire grâce à l'ouverture du passage du nord-est, rendu navigable par la fonte précoce des glaces arctiques. Une route 30% plus courte, autant de fuel d'économisé sur la traversée.

Après tout, il n'y a pas de petites économies pour satisfaire notre soif de consommation.

Retrouvez les sources sur http://bit.ly/DTG-Containers

DTG#19

A QUI PROFITE LE MIEL ?

Vous dansiez ? Et bien butinez maintenant !

Sans les abeilles et les autres insectes pollinisateurs, nous pourrions tirer un trait sur une grande partie de notre nourriture. Mais à force de vouloir rentabiliser notre production agricole – à grand renfort de pesticides notamment – nous devenons le premier ennemi de cet allié pourtant essentiel dans l'écosystème qui nous entoure.

BUTINEUSES TOUT TERRAIN

Quel est le point commun entre la détection d'une mine, une saisie de drogue et le secret d'une alimentation variée ? Les abeilles.

En Croatie, des chercheurs ont réellement entraîné des abeilles à reconnaître l'odeur de la TNT, espérant ainsi déminer d'anciennes zones de combat.

D'autres scientifiques ont inventé un détecteur de drogues, avec abeilles incorporées, pour ne rien laisser passer à l'aéroport.

Mais le domaine où les abeilles excellent le plus reste la pollinisation. En butinant les fleurs, elles permettent aux plantes de se reproduire. Qu'elles soient domestiques ou sauvages, grâce aux abeilles, ces plantes prospèrent. Et nous avec.

35% de ce que l'on mange dépend directement des abeilles. En Europe, elles permettent la reproduction de 84% des plantes que nous cultivons ! Sans les abeilles et leurs cousins bourdons, adieu pommes, poires, citrons, carottes, haricots, oignons, amandes, entre autres.

VOLATILISÉES ?

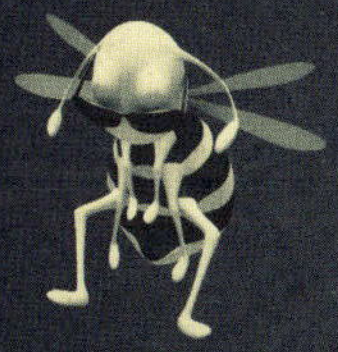

Pourtant, ces dernières décennies, les abeilles ne sont plus au top.

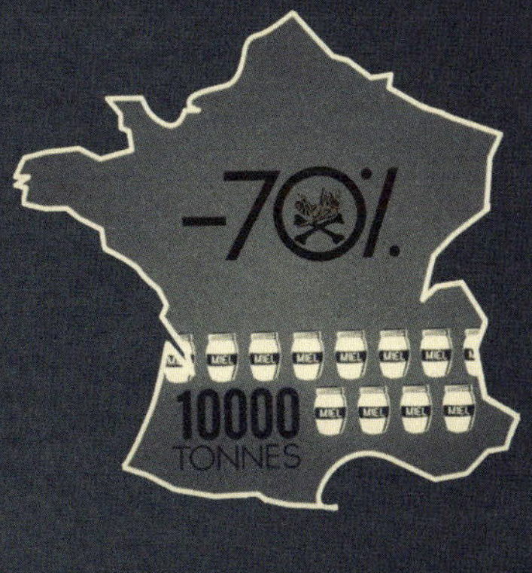

Aux États-Unis, 35% des ruches disparaissent chaque année. En Europe, 24% des différentes espèces d'abeilles domestiques sont menacées d'extinction.

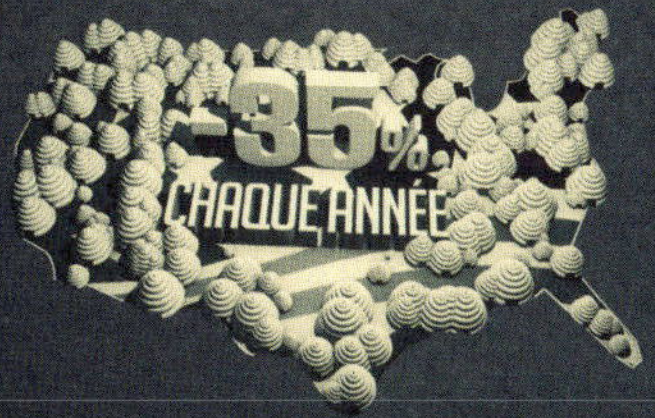

En France, depuis 1995, 300 000 ruches périssent chaque année. La production de miel nationale est passée de 33 000 tonnes à moins de 10 000 tonnes. Une baisse de 70%. Une hécatombe.

LA PESTE EN BOUTEILLES

Parfois, elles ne retrouvent même pas ce qu'elles doivent butiner. En éradiquant les coquelicots et autre soit-disant « mauvaises » herbes, les pesticides, comme le Roundup signé Monsanto, suppriment leur alimentation naturelle.

Cette même année, 1995, de nouveaux insecticides font leur apparition dans les champs français : les néonicotinoïdes.
Un nom joyeux sensé assurer de meilleurs rendements pour les cultures.

Pas pour les abeilles.

En butinant les fleurs, elles absorbent ces produits qui attaquent ensuite leur système nerveux. Progressivement, elles perdent tout sens de l'orientation et ne retrouvent plus la ruche.

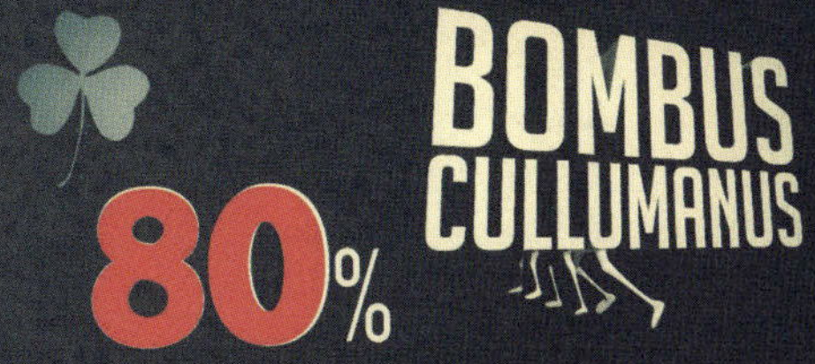

L'arrachage systématique des trèfles a, par exemple, a entraîné la disparition de 80% de la population du Bombus cullumanus, un bourdon autrefois très répandu en Europe.

DES RUCHES SOUS PERFUSION

Mais pas d'inquiétude, certains apiculteurs ont la solution ! Comme ils vendent la totalité du miel produit par les ruches, en échange, ils nourrissent les abeilles avec du HFCS.

Un sirop de sucre bon marché issu du maïs, délicatement nommé « bee candy ». Un bonbon à abeilles qui affaiblit surtout leur système immunitaire et les rend plus vulnérables.

MIGRATION FORCÉE

Mais l'essentiel reste la :

Les abeilles domestiques sont aujourd'hui devenues des esclaves. Chaque année, à l'automne, 1 600 000 ruches américaines sont rassemblées en Californie. Ce déplacement de plusieurs dizaines de milliards d'individus en fait la plus grande migration du règne animal.

Le but : polliniser les 320 000 hectares d'amandiers de la vallée de San Joaquim. En 2013, ces arbres ont produit 40 millions de tonnes d'amandes, 80% de la production mondiale. Grâce aux abeilles.

À raison de 400 ruches entassées dans chaque semi-remorque, bon nombre d'entre elles ne survivent pas au voyage. Le reste ira butiner des amandiers massivement couverts de pesticides.

À force, les ouvrières fatiguent.

Mais avec une manne de 153 milliards d'euros au niveau mondial, impossible de se passer de la pollinisation. En Chine, après des années d'épandages de pesticides, ce sont désormais les hommes qui pollinisent les fleurs, à la main. Perchés dans les arbres, ils font le travail que les abeilles ne font plus, pour assurer la récolte de l'année suivante.
Homme-abeille, une belle illusion…

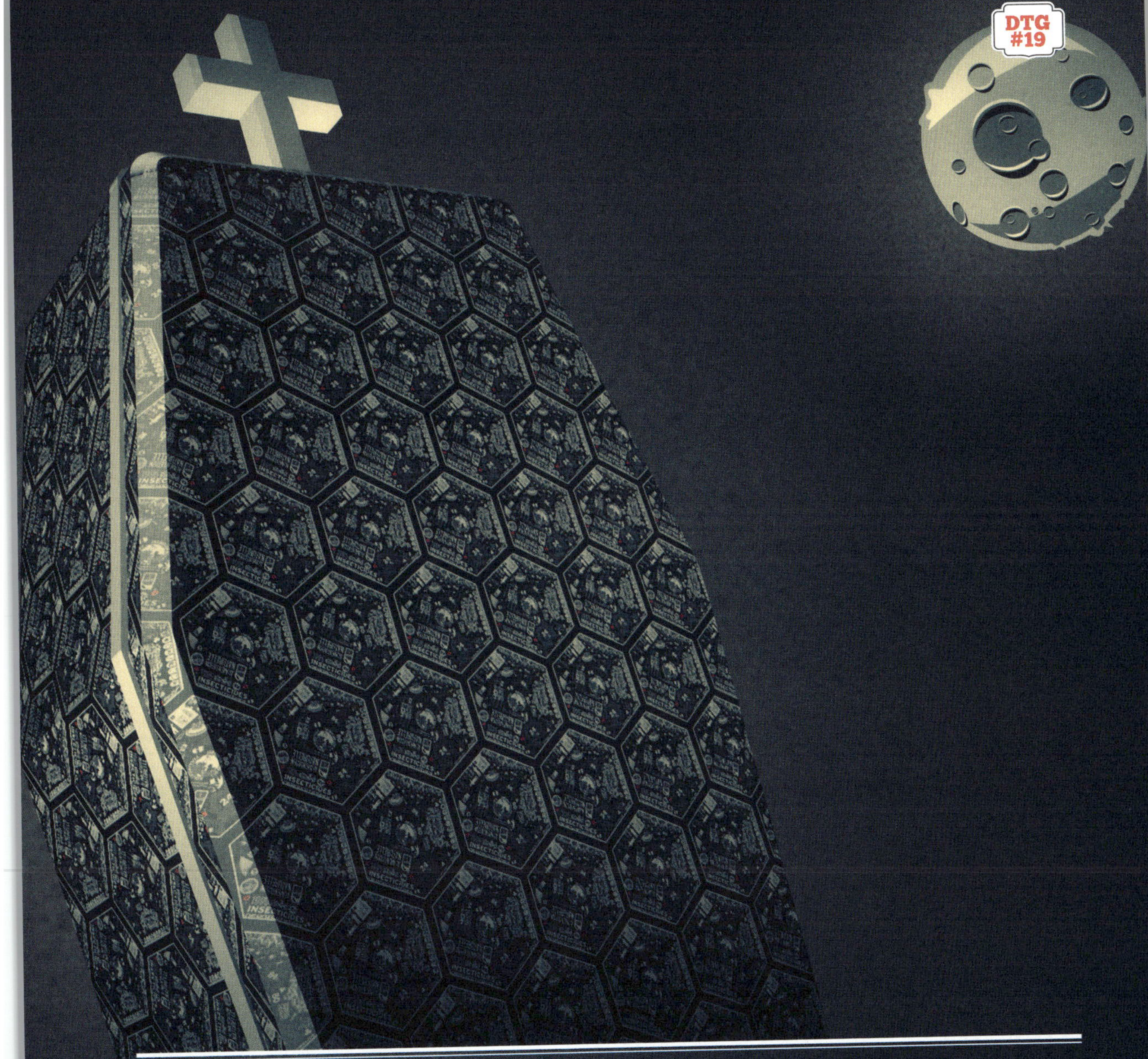

Une fois que les abeilles auront disparu, et avec elles une grande partie des plantes, l'homme pourrait bien être l'un des prochain sur la liste.

Retrouvez les sources sur http://bit.ly/DTG-LeMiel

DTG#20

LE PIB, CETTE FAUSSE BOUSSOLE

*Si la trajectoire dévie,
c'est que la boussole faiblit.*

Ah, le taux de croissance. Ce saint Graal de nos économies modernes ! Mais par quel calcul magique apparaît ce chiffre tant désiré ? Le taux de croissance, c'est le résultat de la variation d'une année sur l'autre du PIB : le Produit Intérieur Brut. Concrètement, le PIB c'est la somme des richesses produites sur un territoire donné et dans un temps donné.

DANS LE PANIER DU PIB

En 2014, la France a totalisé un PIB de 2,133 milliards d'euros, soit une croissance de 0,2% par rapport à 2013. Mais dans le détail, que trouve-t-on dans cette addition si vitale ? Bien sûr l'ensemble des valeurs ajoutées créées dans les différents secteurs économiques d'un pays : multinationales, PME, administrations ou particuliers.

Dans le PIB, tout est au même niveau.

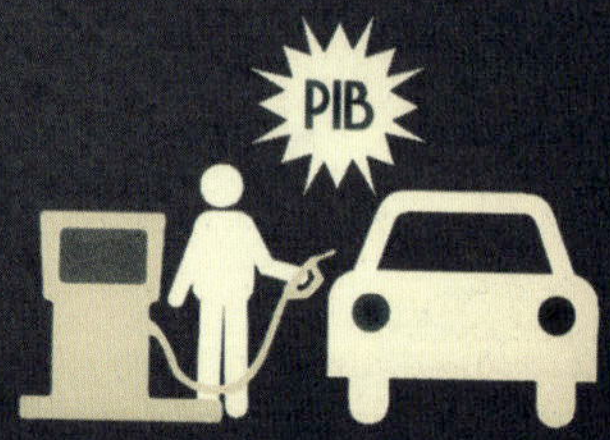

Vendre une baguette, ça crée du PIB, tout comme faire le plein de gasoil.

VENDRE, C'EST CROÎTRE

Aux États-Unis, quand Barack Obama attaque le permis de port d'armes juste après la tuerie de San Bernardino en décembre 2015, une partie des Américains se ruent sur les stocks, histoire d'anticiper la pénurie.

Le lendemain de cette tuerie, l'action de l'armurier Smith & Wesson a bondi de plus de 2,6%. Et ça, ça crée de la richesse, donc du PIB, donc de la croissance.

ÉTRANGE CROISSANCE

En 2009, la crise frappe la France. Alors que la croissance s'effondre, le trafic des poids lourds chute de 10 %.
Cette même année, la mortalité sur les routes baisse de 6,6%. 32% de cette baisse est liée à la circulation moins importante des poids lourds.

Un trou de croissance peut sauver des vies.

L'ÉCONOMIE SOUTERRAINE

L'Italie, le Royaume-Uni, la Belgique et l'Espagne ont décidé d'intégrer l'économie souterraine au calcul de leur PIB. À savoir : les richesses issues de la drogue, la prostitution et les recels en tous genres. Ils suivent ainsi une nouvelle norme rédigée par Eurostat, l'agence statistique européenne.

D'après la Banque d'Italie, l'économie illégale représenterait près de 11% du PIB italien. De quoi tirer la croissance du pays vers le haut. Après tout, légal ou pas, c'est pour le bien de la nation.

LE TRAVAIL DOMESTIQUE

Pourtant, d'autres richesses ne sont pas comptabilisées dans le PIB. Comme le travail domestique. Soin des enfants, cuisine, ménage, chaque jour nous passons en moyenne 3 heures à ces tâches, gratuitement.

En 2010, en France, cela représentait entre 42 et 77 milliards d'heures de travail. Une à deux fois les 38 milliards d'heures de travail rémunéré la même année.

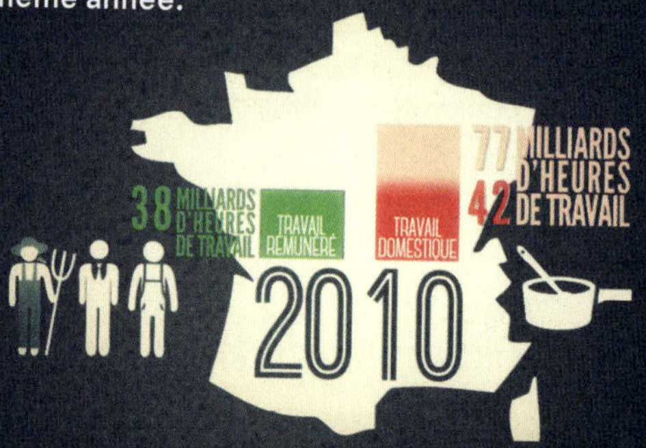

Ramené au SMIC horaire, cette cagnotte représenterait l'équivalent d'un tiers du PIB français.

DES ESTIMATIONS FLUCTUANTES

Enfin, on oublie souvent qu'il faut trois ans pour arriver à calculer un PIB « définitif ». Et, entre la première estimation et celle validée, c'est parfois le grand écart.

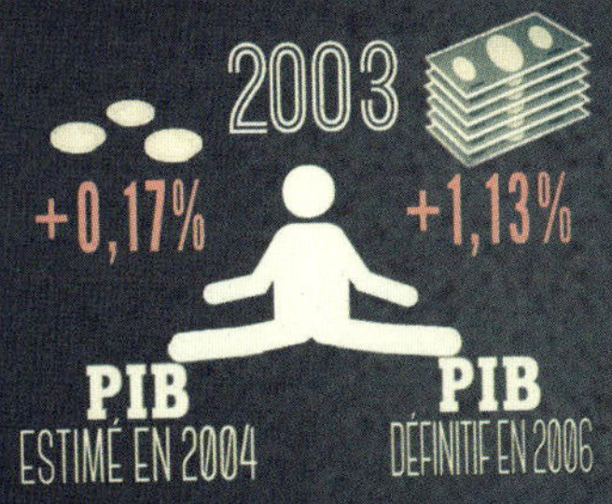

Pour l'année 2003, la première estimation, en février 2004, donne une croissance du PIB français à 0,17%. Trois ans plus tard, le calcul définitif abouti à 1,13%.

Entre temps, les premières estimations peuvent influencer les choix politiques. Or, avec un mauvais diagnostique, on risque de se tromper de prescription.

L'INDICE DE DÉVELOPPEMENT HUMAIN

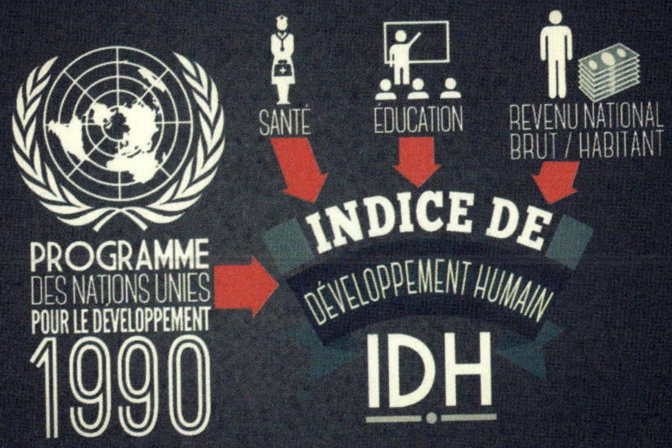

Il existe pourtant d'autres indicateurs.
Comme l'indice de développement humain (IDH), créé en 1990 par le Programme des Nations Unies pour le Développement.
Il agrège trois indicateurs : la santé, l'éducation et le revenu national brut par habitant.

En 2013, côté PIB, la Norvège, l'Australie et la Suisse étaient respectivement 25e, 12e et 20e mondiaux. Mais si l'on prend l'IDH, ces pays étaient 1er, 2e et 3e du classement. Les perspectives changent.

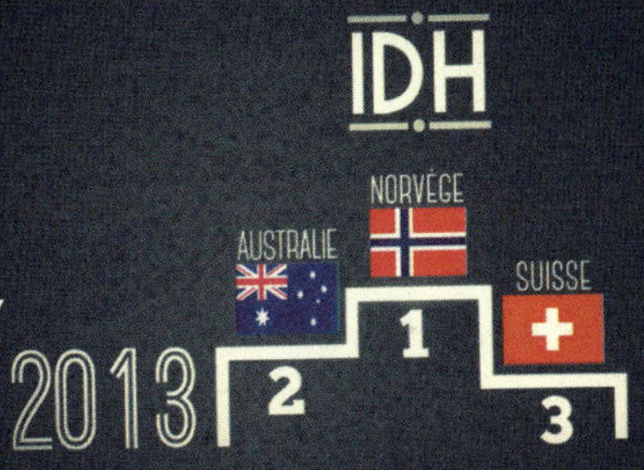

L'INDICE GINI

Mais l'IDH n'est pas parfait, il ne mesure pas les inégalités, la pauvreté ou la sécurité par exemple. L'indice de GINI, lui, mesure les inégalités de salaires.

En 2012, le trio de tête était l'Ukraine, la Slovénie et la Norvège. Les trois pays où les salaires étaient les plus égalitaires.

La France arrivait en 28e position, juste après l'Irlande et le Royaume-Uni.

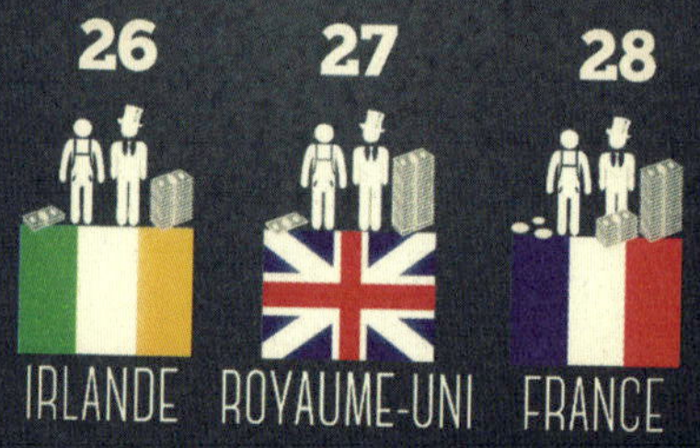

LE VASTE CHAMP DES INDICATEURS

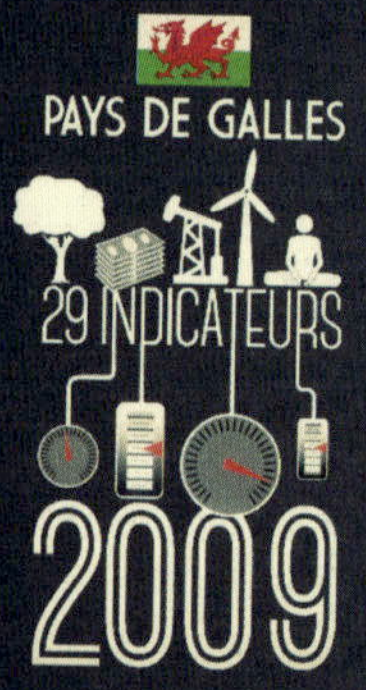

Depuis 2009, le Pays de Galles utilise un tableau de bord basé sur 29 indicateurs croisant l'environnement, l'économie, l'utilisation des ressources, la société et le bien-être.

En Angleterre, depuis 2010, le MNWP agrège 30 indicateurs, dont certains sur l'utilisation du temps ou le bien-être personnel.

Depuis 2013, en Belgique, la Wallonie utilise 5 indicateurs, là encore au croisement du social, de l'environnement et de l'économie.

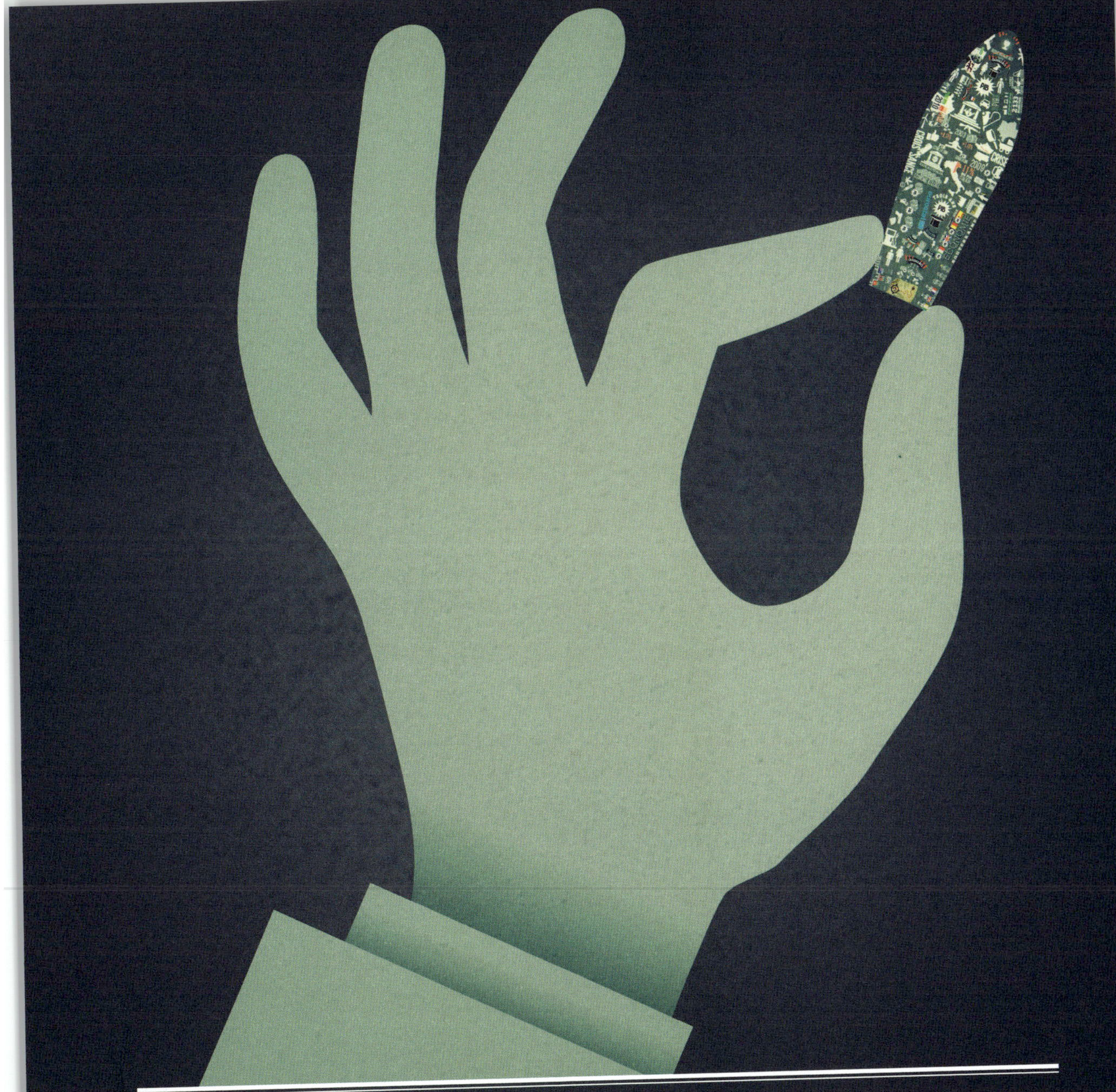

Le bon diagnostique pour orienter les choix d'un pays viendra sans doute de cette diversité. Car avec le PIB comme seul indicateur, on finirait par croire que la croissance est le seul remède.

Retrouvez les sources sur http://bit.ly/DTG-PIBcetteFausseBoussole

DTG#21

LES MERVEILLEUSES HISTOIRES DU TABAC

Ce qui vous tue les rend plus fort.

Près de 35,1 milliards de dollars de bénéfices sur un marché global de plus de 500 milliards, voilà le joli pactole que les 6 plus grands noms du tabac ont amassé en 2012. Ces dix dernières années, 43 000 milliards de cigarettes ont été fumées tout autour du globe. Un joli business, qui tient de l'exploit !

LE BUSINESS QUI TUE

Avec près de 6 millions de morts dans le monde en 2012, 700 000 rien qu'en Europe, le tabac tue chaque année plus de personnes que le paludisme, le SIDA et les guerres réunis.

Bâtir un commerce pérenne avec un produit qui tue prématurément près de la moitié de ses consommateurs, chapeau !

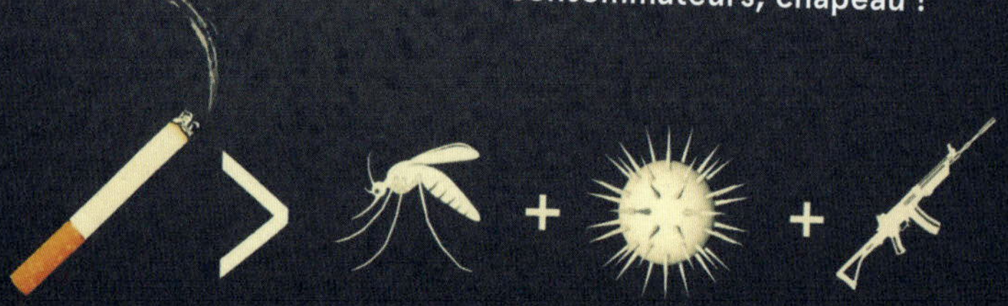

J'AI DU BON TABAC...

Pour réussir, il a fallu s'y prendre tôt. Après la Seconde Guerre mondiale, sur le vieux continent, on fumait surtout du tabac brun. Sa fumée était épaisse et son goût âcre.

Puis il y eut le plan Marshall. Les États-Unis venant au secours de l'Europe meurtrie, amenèrent dans leurs cartons du tabac blond.

Sa fumée, moins irritante, permettait à la nicotine de pénétrer plus profondément dans les poumons, assurant une dépendance plus forte. Résultat, pour 2$ de nourriture, 1$ de tabac fut acheminé en Europe tout au long du plan Marshall. 40 000 tonnes au total.

MORTELLES HÉSITATIONS

Mais, en 1953, des études sur des souris démontrent que le tabac provoque le cancer.

La boulette.

Les grandes firmes contre-attaquent. Elles financent massivement d'autres études scientifiques pour brouiller les pistes.

Et, pendant que le doute infuse, les paquets se vendent.

Aux États-Unis, les pouvoirs publics ne découvrent les dangers du tabac qu'en 1964. 10 ans de gagnés, 8 000 milliards de cigarettes vendues et 8 millions de morts supplémentaires.

L'ASTUCE POUR LUTTER CONTRE CES MORTS QUI PLOMBENT LE BUSINESS ?

Recruter les fumeurs dès leur plus jeune âge. Histoire de rentabiliser la dépendance.

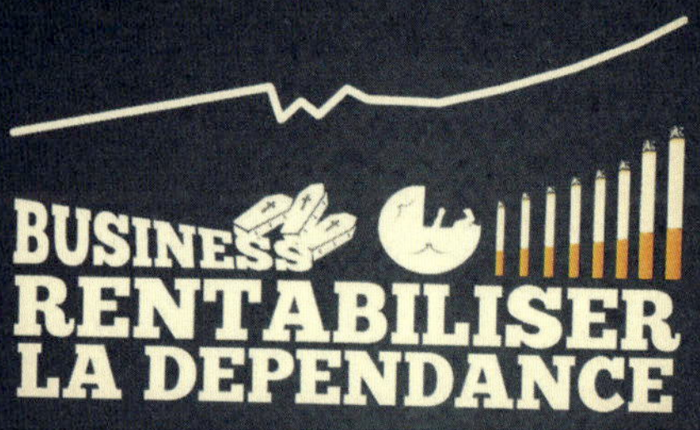

Prenons la Chine, premier consommateur de cigarettes au monde. Plus de 100 écoles primaires chinoises sont sponsorisées par China Tobacco.

Après le terrible séisme de 2008, cette entreprise d'État a notamment financé la reconstruction de la « Sichuan Tobacco Hope Primary School ». Un joyeux slogan accueillait même les élèves :

LA MAGIE DU MENTHOL

Dernière trouvaille en date : la bille au menthol, dans le filtre. Grâce à elle, partout dans le monde, les cigarettes sont devenues un gadget. Parfait pour les plus jeunes. Adieu la mort, bonjour le fun. Sauf que, si le menthol adoucit le goût en bouche et rafraîchit la gorge, il embarque également la fumée plus profondément dans les poumons, causant plus de dégâts. Et de dépendance.

Une idée de génie.

LA SANTÉ EN ATTENTE

En février 2014, les députés européens ont voté à une large majorité une directive anti-tabac.
Les industriels avaient pourtant férocement lutté contre, pendant plus de 2 ans de discussion. Elle interdit notamment les arômes artificiels, comme le menthol.

Mais les 161 lobbyistes de Philip Morris et leurs collègues ont quand même obtenu que cette restriction ne s'applique qu'en 2020. Encore 3 ans pour faire le plein.

Il faut dire qu'ils avaient de quoi faire pression. Depuis 2004, les géants du tabac (Philip Morris, Japan Tobacco, Imperial Tobacco, British American Tobacco) ont versé plus de 2 milliards d'euros à la commission européenne. Même si ces fonds sont destinés à la lutte contre le marché noir, c'est une manne non négligeable.

Un peu comme les 11,2 milliards d'euros perçus en 2013 par l'État français grâce aux taxes sur les cigarettes.

Derrière leurs discours vantant plaisir et liberté,
les cigarettiers sont surtout devenus maîtres dans l'art
de la dépendance, qu'elle soit physique ou financière.
Ils savent bien que, sans elle, leur business partirait en fumée.

Retrouvez les sources sur http://bit.ly/DTG-LeTabac

DTG#22

PIPELINES, NOTRE MONDE SOUS PERFUSION

Le plus important dans un trésor, c'est la route qui permet d'y accéder.

Sables bitumineux, gaz et huiles de schiste, l'homme moderne a découvert de nouvelles sources d'énergies… fossiles. Les réserves augmentent, leur commerce itou. L'accès à l'énergie étant crucial aujourd'hui, les tuyaux qui transportent ces précieuses ressources sont naturellement des enjeux majeurs dans la géopolitique du globe.

UNE PRODUCTION EN HAUSSE

Nous vivons une :

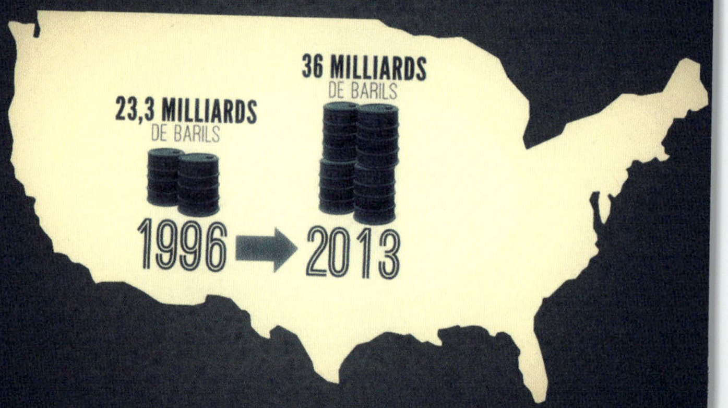

Grâce à la découverte des sables bitumineux ou encore des gaz et huiles de schiste, la production de combustibles fossiles mondiale ne cesse de grimper. Aux États-Unis, de 1996 à 2013, les réserves de pétrole brut sont passées de 23,3 milliards de barils à plus de 36 milliards.

Chez le voisin canadien, la production des États de l'Ouest pourrait doubler d'ici à 2030, passant de 3,2 millions de barils par jour à plus de 6 millions.

Ça tombe bien.

NOUVELLES RÉSERVES, NOUVEAUX MARCHÉS

Entre 2002 et 2012, la demande chinoise en pétrole a justement doublé, passant de 5 millions de barils par jour à 10 millions.

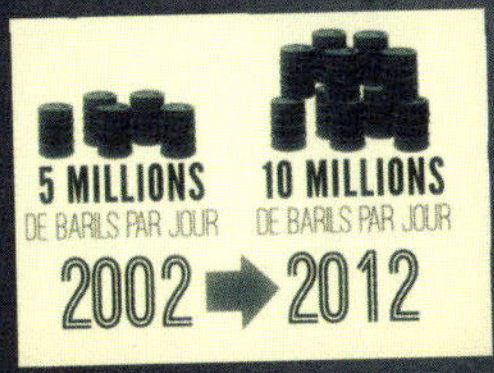

Côté gaz, entre 2010 et 2035, la demande devrait croître de 7% par an en Chine et de près de 5% en Inde.

LE TRANSPORT DE CES SOURCES D'ÉNERGIES : UN ENJEU MAJEUR

Les pipelines sont aujourd'hui le moyen le moins coûteux. Pour acheminer le pétrole du Dakota du Nord jusqu'au golfe du Mexique, comptez 5 $ par baril en tuyau contre 10 à 15 $ en train.

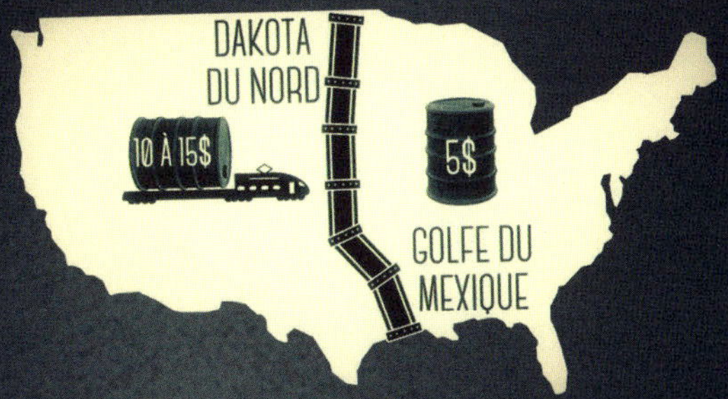

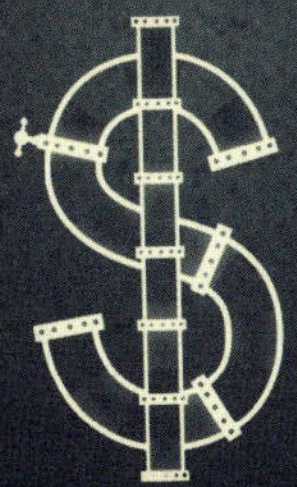

Les infrastructures sont donc un marché en plein boom, dominé par des géants aux noms peu connus.

Comme Enbridge au Canada et ses 25 420 km de tuyaux, la moitié du tour du monde ! 2,2 millions de barils de pétrole et de gaz y transitent chaque jour, 15 % des importations américaines.

Ou encore Transneft qui transporte à lui seul 93 % du pétrole russe à travers ses 48 280 km d'oléoducs.

DES TUYAUX SOUS TENSION...

En conditionnant l'accès aux sources d'énergies, les pipelines redessinent la :

CARTE POLITIQUE DU MONDE

En Ukraine :

L'Ukraine, prise en étau entre la Russie et l'Europe, est en conflit depuis début 2014 avec son voisin russe. Quoi de plus logique pour un territoire traversé par quelques tuyaux essentiels ? Des gazoducs qui acheminent 60% du gaz russe consommé par les européens.

En Syrie :

Le Quatar aimerait lui aussi vendre son gaz naturel sur le vaste marché européen.
Mais il faut passer par la Syrie et le président Bachar el-Assad penche plutôt pour un projet de tuyau russe.

Le Quatar, finançant à hauteur de 3 milliards de dollars l'opposition syrienne, en a donc profité pour ajuster les revendications des rebelles.
Le passage d'un gazoduc Quatari y est clairement mentionné.

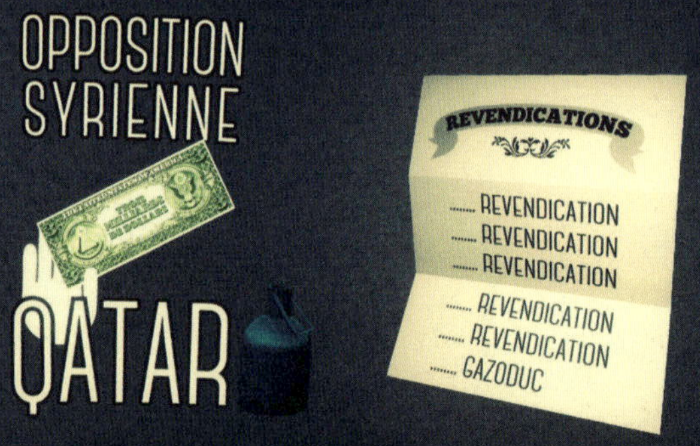

On n'a rien sans rien.

TUYAUX PERCÉS...

Les pipelines sont aussi un enjeu écologique. Les fuites sur de nombreux gazoducs laissent échapper du méthane, un gaz dont l'effet de serre est 23 fois plus puissant que le CO_2.

En 2012, uniquement sur le territoire américain, ces fuites ont ajouté dans l'atmosphère plus de 13 millions de tonnes de méthane en équivalent CO_2.

À Boston, en 2013, 3 000 fuites ont été repérées sur les seuls pipelines situés à l'intérieur de la ville.

En 2009, en France, près de Fos-sur-Mer, 4 500 tonnes de pétrole se sont échappées d'un oléoduc en plein milieu d'une réserve naturelle, abritant des espèces uniques en Europe.

C'est balo.

La société SPSE en charge du tuyau a avoué qu'elle connaissait le risque de fuite depuis... 1983 !

DANGEREUX ÉCOLOGISTES

Face aux écologistes un peu trop suspicieux,
les industriels veillent.

Et surveillent même.

Au Canada, Enbrige et Transcanada sont conviés depuis 2005 à des réunions bi-annuelles avec les services de renseignement du pays.
Une surveillance d'État dirigée vers les écologistes au profit d'intérêts industriels.

Car ces tuyaux coûtent cher :
3,7 millions d'euros par kilomètre pour une extension du TransMountain, qui relie les gisements canadiens de l'est à l'ouest.

De tels investissements, ça se protège.

Et ça se rentabilise aussi : pour cela, il faut remplir les tuyaux. Donc extraire plus de pétrole et de gaz. Mais, la production augmentant, il va falloir ajouter des tuyaux. Et donc les remplir...

Pas si simple de briser le cercle visqueux de notre dépendance aux énergies fossiles.

Retrouvez les sources sur http://bit.ly/DTG-Pipelines

DTG#23

MONNAIES, MONNAIES, MONNAIES !

Si l'argent n'a pas d'odeur, c'est qu'on a oublié d'où il vient.

En janvier 2016, nos chères monnaies – euro, dollar, yen, livre sterling et bien d'autres – ont généré en moyenne 4 840 milliards de dollars de transactions par jour. Soit deux fois le PIB de la France en 2015. Changer une devise contre une autre, ça rapporte.

MAIS D'OÙ VIENNENT CES MONNAIES SI RENTABLES ?

Qu'il s'agisse de pièces, d'écus ou plus récemment de billets, « battre monnaie » a toujours été un enjeu de pouvoir.

Aujourd'hui, ce sont donc naturellement les États et les banques centrales, comme la Banque de France par exemple, qui ont seules le privilège de pouvoir faire tourner la planche à billets.

Ou presque.

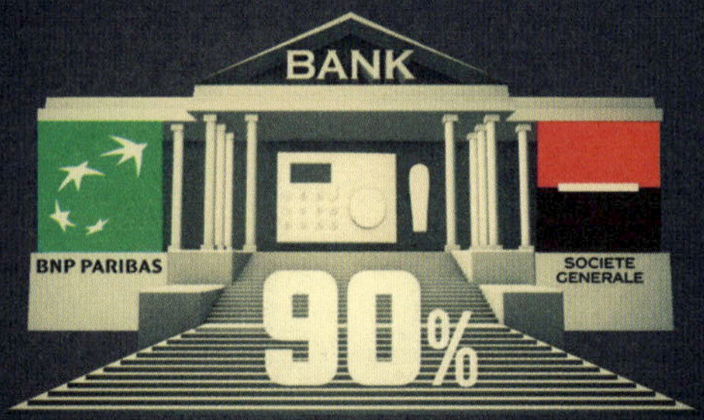

À côté de ces monnaies « souveraines », les banques privées créent elles aussi de la monnaie. Et même beaucoup. Aujourd'hui 90% des liquidités en circulation proviennent des banques commerciales comme BNP-Paribas ou la Société Générale.

Et tout ça, grâce aux prêts.

COMMENT ÇA MARCHE ?

Concrètement, à chaque fois que vous déposez 100 € sur un compte, votre banque peut créer un crédit de 80 € pour un autre client. Mais, comme ces 80 € tout frais vont atterrir sur un autre compte, la banque peut faire un nouveau prêt, de 60€ cette fois-ci. Et ainsi de suite.

Grâce à ce système, à partir d'un dépôt 100 €, les banques peuvent générer plus de 200 € de liquidités. Les pièces et billets au fond de nos poches sont en fait une marée de dettes.

LE COUP DE MAÎTRE

Une fois sur les marchés boursiers, toutes ces liquidités deviennent des objets de spéculation. Petit exemple avec Georges Soros, 19e fortune mondiale. Le 16 septembre 1992, il parie sur une baisse de la livre sterling et en emprunte 6,5 milliards. Il les échange contre des marks et des francs, plus stables. Rapidement, d'autres spéculateurs lui emboîtent le pas. Le lendemain, face à cette attaque en règle, la Grande-Bretagne concède une dévaluation de 15%. Georges Soros, lui, empoche 1,5 milliard de dollars.

Un joli coup qui aura coûté 3,4 milliards de livres au Trésor britannique et qui entraîne, dans la foulée, une dévaluation des autres monnaies européennes.

Avec 96 crises bancaires et 176 crises monétaires depuis 1970, les fluctuations virtuelles des monnaies ont des impacts bien réels sur nos sociétés. Certains cherchent donc des solutions.

LES MONNAIES COMPLÉMENTAIRES

Né en 1934 en Suisse, le WIR est une monnaie complémentaire au franc suisse. En 2010, 60 000 PME y adhéraient pour un chiffre d'affaires cumulé de 1,6 milliard de francs suisses, faisant du WIR un stabilisateur de l'économie helvétique. Lorsque qu'elle se porte bien, les échanges en WIR diminuent mais dès qu'un ralentissement survient, ils augmentent, prenant ainsi le relais d'une monnaie nationale affaiblie.

Il existe plus de 4 000 monnaies complémentaires dans le monde. Elles sont toujours locales, et leur principe de base est simple : des citoyens se rassemblent au sein d'une association. Ils décident démocratiquement d'un taux de change avec la monnaie nationale et des conditions d'utilisation puis la mettent en circulation.

Une bonne partie de ces monnaies sont « fondantes ». Comme le Chiemgauer, lancé en 2003 dans une école bavaroise. Si vous ne les utilisez pas, les Chiemgauers perdent de la valeur au fil du temps, à raison de 2% tous les trois mois. Du coup, mieux vaut s'en servir et faire tourner l'économie locale que de les ranger sous le matelas.
Adieu spéculation.

Aujourd'hui, seules 5 % des transactions financières mondiales correspondent à des biens et des services réels. Mais loin des places boursières, les monnaies complémentaires tentent de redonner une valeur concrète et sociale à nos échanges. Sans jamais concurrencer les devises nationales.

En économie comme dans la nature, la diversité des monnaies est peut-être le secret de l'équilibre.

Retrouvez les sources sur http://bit.ly/DTG-Monnaies

DTG#24

QUAND LA SURPECHE, LES POISSONS COULENT

Les poissons, c'est comme l'herbe, ça repousse. Ou pas.

Les poissons sont de plus en plus dans nos assiettes et de moins en moins dans les mers et les océans du globe. Petit tour d'horizon d'une bascule causée notamment par un virage qui nous a fait passer, en 60 ans, de la pêche « au gros » à la pêche « en gros ».

LES CHIFFRES

En 2012, plus de 91 millions de tonnes de poisson furent pêchées dans les mers et les océans du globe. Ajoutées aux 66 millions de tonnes de poissons élevés en aquaculture, cela nous fait un total de près de 158 millions de tonnes !

Sans oublier les 11 à 26 millions de tonnes de pêche illégale, petite cerise sur le gâteau.

Mais ça n'a pas toujours été comme ça. En 1950, on pêchait à peine 18,7 millions de tonnes de poisson, presque 5 fois moins qu'aujourd'hui.

La pêche industrielle est passée par là. Grâce à des technologies de pointe issues de la Seconde Guerre mondiale – comme les radars ou l'incassable fil de nylon – la pêche « au gros » est devenue la pêche « en gros ».

TECHNIQUES AU CHOIX

Il y a les palangres, par exemple.
En Méditerranée, ces longues lignes, garnies de milliers de hameçons, atteignent 50 à 60 km de long.

Autre exemple : la senne tournante.
Ces filets de 1 à 2 km se referment pour former d'immenses tubes plongeants jusqu'à 240 m de profondeur. De quoi piéger 4 millions de tonnes de thons par an.

Mais, si ces techniques permettent de pêcher plus, elles ne permettent pas de pêcher mieux. Du côté de la crevette par exemple : 60% de ce qui remonte dans les filets n'est pas de la crevette et repart aussitôt par-dessus bord.

Au début des années 2000, la seule flotte espagnole déployait 60 à 80 bateaux pour la haute saison des espadons. Soit plus de 3 000 km d'hameçons pour ne manquer aucun poisson.

Sans oublier le chalutage en eaux profondes qui ramasse tout ce qui passe en raclant allègrement le sol marin.

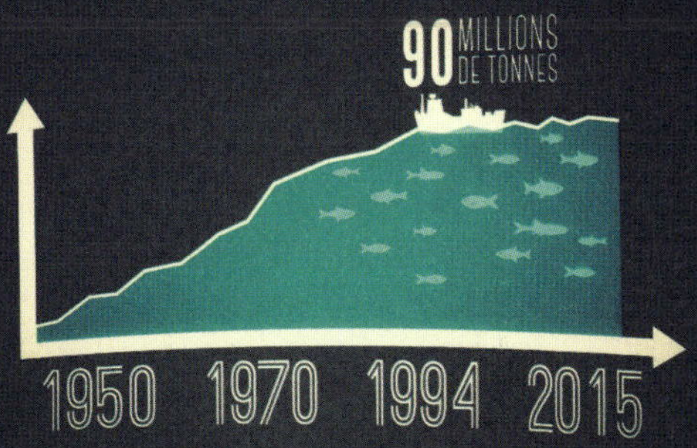

Depuis 1994, les quantités de poisson pêchées plafonnent à 90 millions de tonnes. Avec 29% des espèces surexploitées, les océans se vident.

UN PRÉDATEUR VORACE

Les bateaux-usine ont quasiment fait disparaître le cabillaud de l'Atlantique Nord. Pêchées depuis le XVIe siècle au large du Canada, les six principales populations ont chuté jusqu'à 99% dans les années 1990. Depuis, les harengs et les capelans, privés de leur prédateur naturel, le cabillaud, pullulent. Et ils doivent faire face à un autre prédateur, bien plus vorace : les bateaux-usine.

Ainsi, les pêcheries descendent progressivement dans la chaîne alimentaire, passant des gros poissons à leurs proies, puis aux proies de leurs proies, et ainsi de suite jusqu'à se rabattre sur les espèces les plus petites.
Ou les plus profondes.

En 1960, on pêchait en moyenne à 150 m de profondeur.
50 ans plus tard, les filets descendent à plus de 300 m.
Sauf que les poissons qui vivent plus bas vivent plus longtemps.
Normalement.

L'empereur par exemple peut vivre 150 ans, mais il ne peut se reproduire qu'à partir de 20 ou 30 ans.

En allant plus profond, la pêche industrielle attaque donc des stocks qui se renouvellent bien moins vite que ceux déjà décimés.

MAIS IL FAUT BIEN FOURNIR LES ÉTALES

Entre 1960 et 2012, la consommation moyenne de poisson a presque doublé, passant de 10 kg à 19 kg par an et par personne.

L'aquaculture tente de pallier le problème. Ces bassins d'élevage ne produisaient que 600 000 tonnes de poisson en 1950, mais selon la FAO, ils pourraient fournir plus de poissons que la pêche en milieu naturel d'ici 2030, dépassant les 93 millions de tonnes par an.

SAUF QUE...

Jusqu'à présent, ces poissons d'élevage sont nourris avec d'autres poissons tout droit sortis des océans.

L'espèce la plus pêchée au monde est ainsi l'anchois du Pérou.

Tous quasi-exclusivement transformés en farine de poisson. Ce qui permet, entre autre, de nourrir les poissons de l'aquaculture.

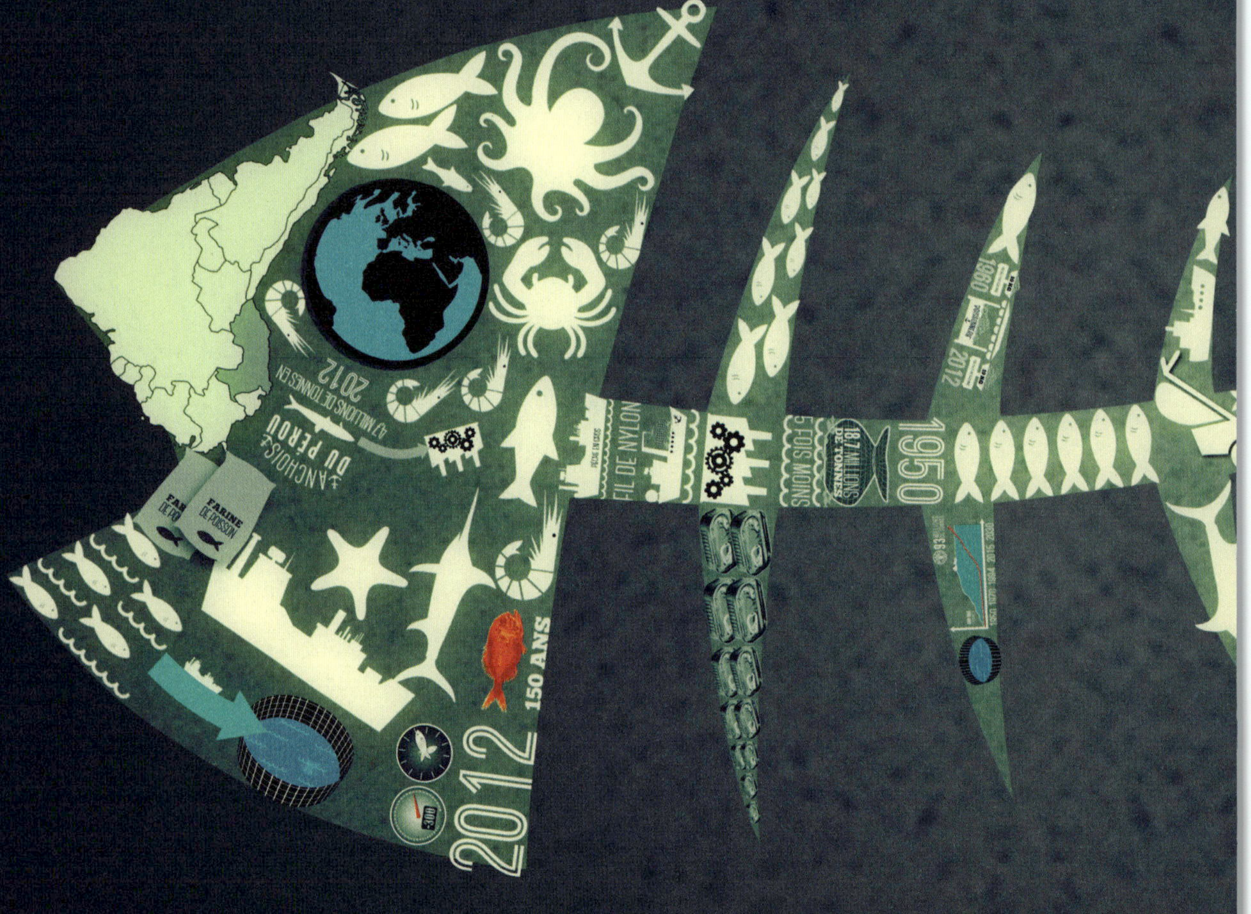
ANCHOIS DU PÉROU
FARINE DE POISSON
FIL DE NYLON
1950
150 ANS
2012

**Voilà une industrie qui semble tourner en vase clos.
Un vase qui a la taille d'un globe dont les océans, 71% de sa surface,
pourraient devenir des déserts liquides.**

Retrouvez les sources sur http://bit.ly/DTG-QuandLaSurpecheLesPoissonsCoulent

DTG#25

LA BOURSE OU LA FAIM

Spéculez, ceci est mon corps.

Aujourd'hui, les denrées alimentaires sont devenues des produits financiers comme les autres. Tout aussi virtualisés et volatiles. Sauf que la fluctuation de leurs cours ont des impacts souvent dramatiques sur les populations que ces mêmes denrées nourrissent.

L'INDICE DE LA FAIM

Près de 123% d'augmentation : c'est la courbe ascendante qu'a connue l'indice des prix des produits alimentaires entre 2000 et 2014.

Entre 2000 et 2011, les trois principales céréales – blé, maïs et riz – ont vu leur prix grimper de 150 %.

Du coup, rien qu'en 2008, 100 millions de personnes supplémentaires ont souffert de la famine face à des prix rendant ces denrées de base inaccessibles.

FLUX ET REFLUX

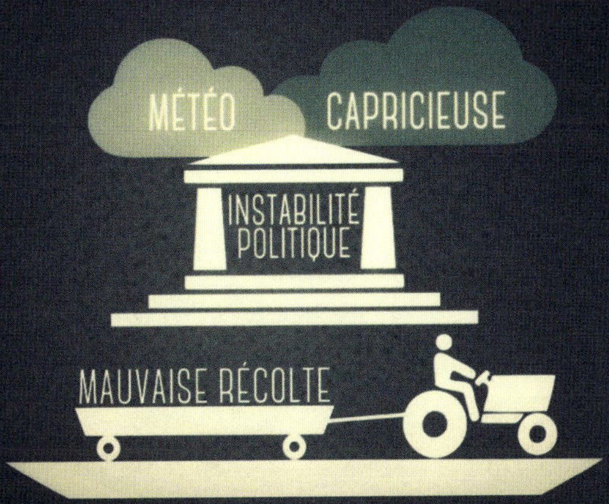

Les prix des produits alimentaires bruts, comme les céréales, ont toujours été fluctuants. Une météo capricieuse, une instabilité politique, une mauvaise récolte : d'un coup l'offre et la demande sont déséquilibrées et les prix varient. Mais ils n'ont jamais autant varié qu'aujourd'hui.

LES CONTRATS À TERME

Pourtant, depuis des siècles, producteurs et négociants tentent de pallier ces fluctuations, notamment grâce à des mécanismes boursiers.

C'est ainsi qu'au XIXe siècle, les « contrats à terme » apparaissent sur les marchés céréaliers américains.

Leur principe est simple.

Un producteur de blé veut s'assurer d'un prix fixe pour la vente de sa future récolte ? Un négociant accepte de la lui acheter à ce prix avant même qu'elle n'ait poussé.

Il parie du même coup sur une hausse du prix du blé au moment de la récolte concrète. Comme ça, il pourra lui-même la revendre et en tirer un bénéfice. À l'inverse, si le prix chute, il en sera de sa poche.

BOULIMIE BOURSIÈRE

Mais, rapidement, certains négociants ont eu les yeux plus gros que le ventre. En 1937, la bourse de Chicago, la plus célèbre place boursière de matières premières, force le géant Cargill à vendre une partie de ses contrats sur le maïs. Il en aurait acheté en grande quantité pour faire monter les prix, provoquant du même coup une potentielle pénurie.

L'AMOUR DU RISQUE

Que voulez-vous, avec un marché mondialisé, les risques pour les négociants sont gros.

Le café, par exemple, est la matière première agricole la plus négociée au monde. Premier exportateur mondial, le port de Santos au Brésil est à 12 jours de mer du Havre. 12 jours de houle pendant lesquels les cours du café peuvent fluctuer.

À raison de 21 tonnes de café par container et 3 000 à 5 000 containers par bateau, une simple baisse de 10 centimes d'euros par livre de café peut coûter plus de 10 millions d'euros par bateau.

LE GRAND BANQUET

Mais, dans les années 1980, de nouveaux acteurs financiers vont entrer dans la danse. Suite à une série de dérégulations, les matières premières deviennent accessibles aux banques et aux fonds d'investissement.

Ça tombe bien, le risque c'est justement leur business.

CHACUN SON MARCHÉ

Ces nouveaux venus créent des « paniers » rassemblant les denrées les plus rentables, aussi appelés indices.

Comme la banque Goldman Sachs qui développe l'indice GSCI en 1991, récupéré depuis par l'agence Standards & Poor's.

Et quand la bulle Internet éclate en 2000 ou que survient la crise des subprimes en 2008, ces « paniers » de matières premières attirent le chaland en manque de spéculation.
De 2003 à 2008, l'argent investi sur ces indices est passé de 15 milliards de dollars à 200 milliards de dollars.

DTG #25

DES ÉCHANGES PUREMENT FINANCIERS

Aujourd'hui, seuls 2% des contrats à terme sur les matières premières alimentaires aboutissent à des livraisons concrètes de marchandise.

À la bourse de Chicago, il s'échangerait en une année près de 46 fois la production mondiale de blé !

DES FAMINES BIEN RÉELLES

Quand l'arrivée massive de ces spéculateurs coïncide avec une baisse réelle des récoltes, comme en 2008, la hausse des prix de ces denrées, elle, n'a rien de virtuel. Entre 2005 et 2008, les prix alimentaires ont augmenté de 83%.
En 2008, la FAO a listé 37 pays nécessitant une aide extérieure dont plus d'une dizaine ont connu une série d'émeutes de la faim.

DTG #25

Sans être la seule cause de l'augmentation des prix des denrées alimentaires, la spéculation accentue tragiquement leur volatilité. Et la sécurité alimentaire devient un indice boursier parmi d'autres.
Qui a dit qu'on ne jouait pas avec la nourriture ?

Retrouvez les sources sur http://bit.ly/DTG-LaBourseOuLaFaim

DTG#26

BANQUES DE COMPENSATION : LA NATURE A CREDIT

À force de scier la branche,
on déracine l'arbre.

Sur Terre, depuis le début du XXe siècle, les activités humaines ont fait disparaître la moitié des zones humides ainsi que la moitié des forêts primaires. Supprimant du même coup les habitats d'innombrables espèces animales et végétales. Mais, heureusement, un nouvel outil est apparu ces dernières décennies pour préserver ce qu'il nous reste de nature : les « banques de compensation ».

QU'EST-CE QUE C'EST ?

Lorsqu'un projet, comme une route ou un aéroport, voit le jour, des études sont menées pour évaluer son impact sur la nature environnante. Le porteur du projet doit alors compenser les dégâts à venir.

Ça tombe bien, les banques de compensation sont là pour ça. Elles vendent des crédits « nature » et, avec l'argent récolté, elles financent des projets de préservation ou de réhabilitation dans d'autres zones naturelles.

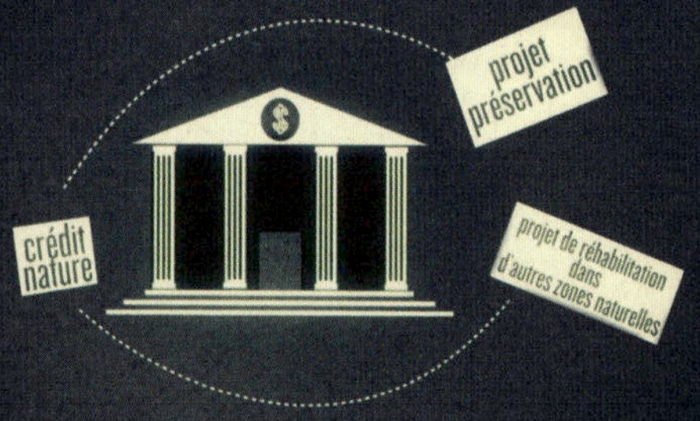

On peut donc bétonner une forêt en Bourgogne à condition d'en recréer une autre en PACA.

Normal.

LE BUSINESS DE LA NATURE : LA THÉORIE

Tout ça part d'un postulat simple. Selon certains économistes, si la nature est en banqueroute, c'est parce qu'elle n'a pas de prix.
Son exploitation sauvage est quasi gratuite. Pauvres arbres incapables d'éditer une facture pour le CO_2 qu'ils absorbent… Idem pour les abeilles et les plantes qu'elles pollinisent.

Alors, en 1960, l'économiste britannique Ronald Coase propose une solution : les mécanismes du marché peuvent protéger la nature.

Son idée est d'attribuer des titres de propriété pour des portions de nature, comme l'air pur par exemple. Avant pollution bien sûr. Ensuite, le marché régulant les échanges, ces titres de propriété iront tout naturellement à ceux qui leur accordent le plus de valeur, protégeant du même coup la nature.

PASSONS À LA PRATIQUE

Les premières banques de compensation naissent aux États-Unis dans les années 1970. Très rapidement, les portefeuilles de produits proposés se diversifient : forêts, insectes, poissons, mammifères. À chaque destruction, son crédit.

En 2012, pour compenser les travaux autour d'une station d'épuration, la ville de Sacramento a acheté à Wildlands – la plus grosse banque de l'Ouest américain – 69 crédits de Desmocerus Californicus, un coléoptère du coin. Coût de l'opération : 241 500 dollars, soit 3 500 dollars par crédit. Rentable l'insecte !

Petit détail : les banques de compensation ne garantissent la protection des écosystèmes que sur une durée limitée. 50 ans aux États-Unis et 30 ans pour la branche « Biodiversité » de la Caisse des Dépôts et Consignations en France. Quid de la préservation au-delà de ces délais ? Mystère.

ILLUSION D'OPTIQUE

En proposant de payer pour détruire, les banques de compensation permettent aussi de repeindre en vert les rouleaux compresseurs.

Sur l'île de Bornéo, la Malua Bank propose 34 000 crédits pour préserver 34 000 hectares d'une forêt abritant des orang-outangs.

Or ses partenaires sont entre autres le TH Group, IOI Group, Kwantas et PKPS, tous des géants de l'huile de palme. Ceux-là même qui rasent l'équivalent de la jolie réserve de Malua Bank chaque semaine en Indonésie et en Malaisie.

UNE DETTE DE PLUS

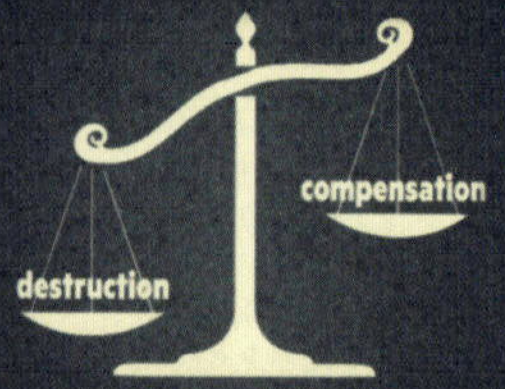

Dans la réalité, la balance de ces compensations est loin d'être équilibrée.

En France, la Caisse des Dépôts et Consignation a lancé sa propre filiale en 2008 : la CDC Biodiversité. Cette institution financière publique gère 357 hectares dans les Bouches-du-Rhône. Mais les investisseurs de cette « réserve d'espace naturelle » ont bénéficié de dérogations : pour 32 hectares d'habitat d'oiseaux détruits, Castorama n'a eu à en acheter que 15, tandis qu'un projet de l'Epad Ouest Provence, rayant 100 hectares de cet écosystème, n'a compensé que de 40 hectares.

Après plusieurs décennies, les écosystèmes compensés n'atteindraient jamais plus de 80% de la richesse de ceux détruits. Laissant ainsi à la nature une « dette » de 20% à 30% sur les bras.

Malgré leurs 118 banques de compensations, les États-Unis continuent de perdre chaque année 5 000 hectares de zones humides.

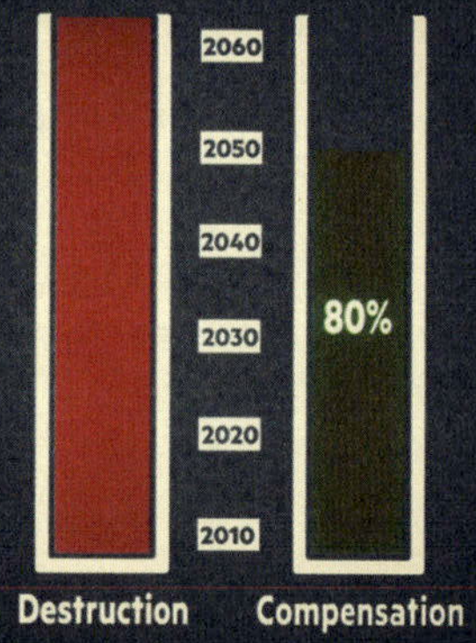

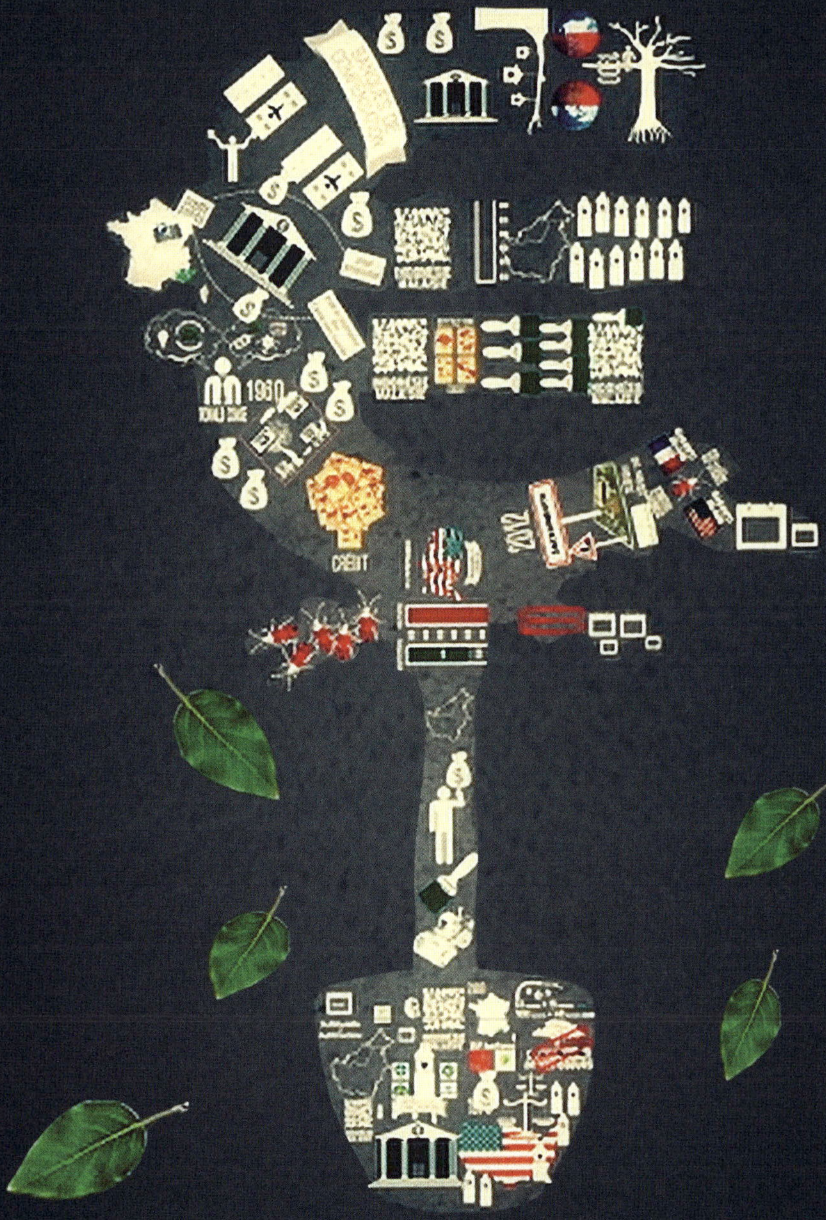

Mais, après tout, cette fichue nature finira bien par intégrer nos bons vieux réflexes de l'offre et la demande. Ou pas.

Retrouvez les sources sur http://bit.ly/DTG-BanquesDeCompensation

DTG#27

SAMSUNG : TROIS ETOILES ET DES POUSSIERES

Si l'empereur domine la foule, sur quoi repose son trône ?

425 000 employés répartis dans 80 pays à travers le monde, un chiffre d'affaires de 167 milliards d'euros en 2013, soit 16% du PIB de la Corée, dont 22 milliards de profits nets. Bienvenue au cœur de l'empire Samsung !

DES NOUILLES AUX GRATTE-CIEL

Depuis sa création en 1938, et la vente de nouilles faites maison, ce géant sud-coréen a su diversifier ses activités. D'abord vers le textile, les assurances et les biens immobiliers.

Mais le grand virage a lieu à la fin des années 1980, lorsque l'entreprise s'attaque au marché de l'électronique, puis de la construction immobilière et des chantiers navals.

25 ans plus tard, Samsung – « 3 étoiles » en coréen – est devenu une galaxie.

SAMSUNG

Le plus grand bateau au monde est actuellement en construction sur l'un des chantiers de la société : 488 mètres de plateforme gazière commandée par Shell.

Trois des plus hautes tours mondiales sont également signées Samsung. 1 789 mètres de hauteur cumulée ! Un beau point de vue.

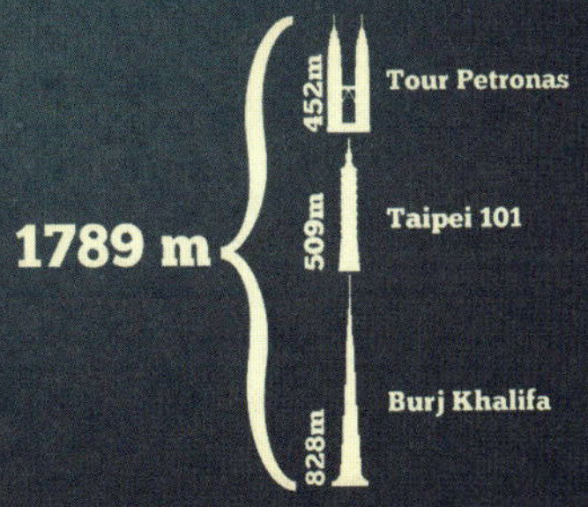

LA TÉLÉPHONIE MOBILE

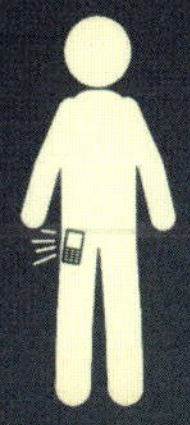

Mais c'est dans nos poches que l'entreprise a conquis son plus gros marché. En 2012, Samsung a vendu près de :

Plus que Apple, Nokia et HTC réunis. Au deuxième trimestre 2016, la marque dominait plus de 22% du marché mondial.

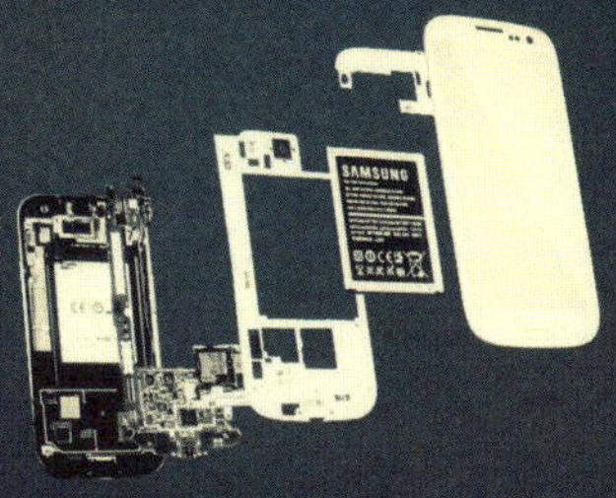

Sa méthode est simple : construire d'abord les pièces détachées pour ensuite mieux surpasser ses concurrents sur le produit fini.

62% des écrans d'iPad sortent ainsi des usines Samsung.

Mieux : la marque est leader sur le marché des puces mémoire, un élément essentiel de nos chers smartphones. Elle fournit tous les constructeurs. En fabricant leurs pièces détachées, Samsung est donc au cœur de leurs secrets industriels.
Malin.

LE JOYAU DE LA COURONNE

Du coup, Lee Kun-hee, le patron-empereur de la marque, est devenu un trésor national.

En 1997, il offre gracieusement plus de 4 300 000 € pour financer la campagne présidentielle de Lee Hoi-chang, favori de l'époque, malheureusement perdant.

Peu importe, en 2005, le Président sud-coréen l'a tout simplement amnistié après une condamnation à 3 ans de prison pour fraude fiscale.

On ne met pas la poule aux œufs d'or derrière les barreaux.

LES CHAÎNES DU TRAVAIL À LA CHAÎNE

Mais cette suprématie a un coût. Dans les usines sud-coréennes, les ouvriers qui fabriquent cette manne commerciale travaillent en moyenne 12 heures par jour, 6 jours par semaine et 40% à 50% des effectifs sont des travailleurs précaires.

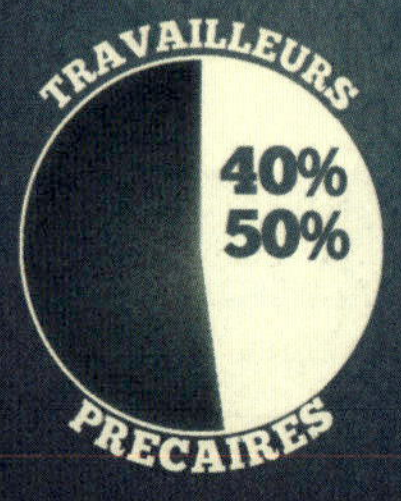

En banlieue de Séoul, le ministère de l'emploi a relevé plus de 2 000 violations du droit du travail dans l'une des usines du groupe, rien que sur la sécurité des employés.

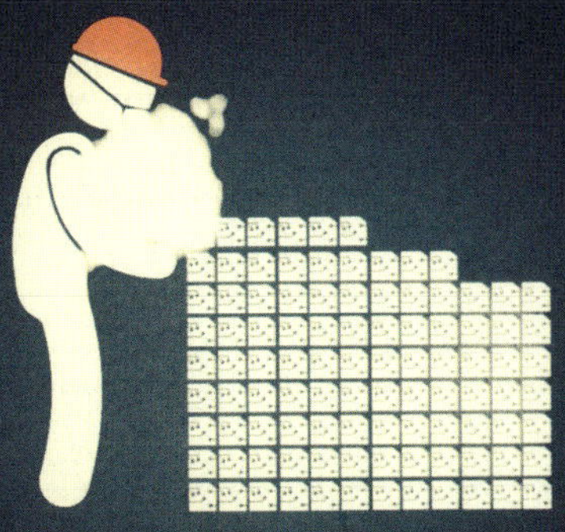

Souvent, les masques portés par les ouvriers servent à protéger les composants bien plus que celles et ceux qui les assemblent.

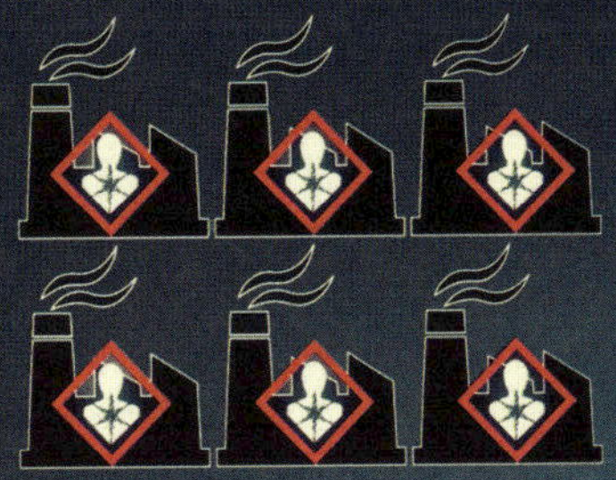

En 2009, une étude a révélé une forte proportion de cancers dans six usines sud-coréennes du groupe.

L'INTERNATIONALE DE LA SUREXPLOITATION

Au Manaus, au Brésil, 6 000 ouvriers travaillent quotidiennement dans l'usine Samsung. Mais, en 2014, l'État brésilien a décidé de porter plainte contre le géant sud-coréen.

Il réclame 108 millions de dollars pour indemniser des employés brisés par des cadences de production intenables.

SOUS LES USINES, D'AUTRES USINES

Et c'est pire du côté des sous-traitants.

中国劳工观察
CHINA LABOR WATCH

D'après l'ONG chinoise China Labor Watch, chez Samkwang, les heures supplémentaires ne sont tout simplement pas payées, même si elles sont obligatoires.

Cela représente, par an :

1MILLION$
D'ECONOMIES

De quoi rester compétitif.

Sans parler du travail des enfants, parfaitement illégal en Chine, et pourtant constaté chez plusieurs fournisseurs de Samsung.

**Mais après tout, quand on est empereur,
quoi de plus normal qu'un management féodal pour faire
travailler des esclaves ?**

Retrouvez les sources sur http://bit.ly/DTG-Samsung

DTG#28

L'ALUMINIUM, NOTRE PRECIEUX

Tout ce qui brille n'est pas or.

Il n'a été découvert qu'en 1807, il y a à peine plus de 200 ans, et pourtant il est désormais partout : dans nos emballages, nos aliments, nos dentifrices, nos plombages dentaires, nos déodorants, nos vaccins, nos immeubles ou encore nos avions. Voici l'aluminium, le métal non ferreux le plus utilisé au monde.

UN MÉTAL DE LUXE

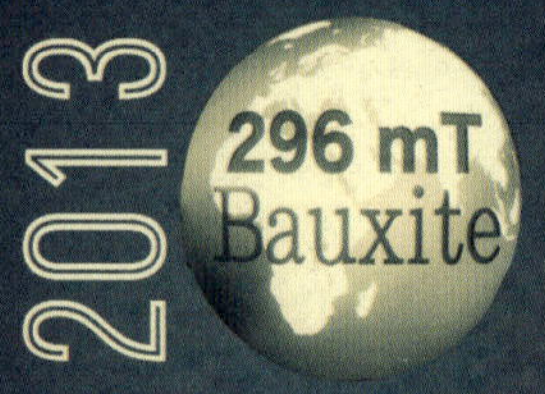

En 2013, 296 millions de tonnes de bauxite – dont l'aluminium est issu – ont été extraites de la surface du globe. Ce qui donne, après raffinage, à peine plus de 47 millions de tonnes d'aluminium. Et oui, l'aluminium, ça se mérite. Il y a 150 ans, Napoléon III réservait ses couverts en aluminium à ses hôtes de marque. Les autres devaient se contenter de ceux en or.

À l'époque, transformer la bauxite en aluminium était complexe et coûteux. Mais, heureusement, en 1886, deux scientifiques, un Français et un Américain, trouvèrent la solution miracle grâce à l'électrolyse.

SUPER-ALU !

Dès 1888, la production industrielle démarre. En quelques années le prix de revient de l'aluminium chute de 61 francs le kilo à 15 francs. Il tombera même à 3 francs le kilo à peine une décennie plus tard.

Léger, résistant, souple, conducteur, anti-corrosif, recyclable presque à l'infini et désormais bon marché, l'aluminium devient le saint Graal, le métal quasi-parfait qui va rapidement envoûter bon nombre d'industries.

TOUTE MAGIE A UN COÛT

L'aluminium est gourmand, notamment en électricité. En France, l'usine Aluminium Dunkerque, la plus grande d'Europe, livre les deux tiers de la production nationale.

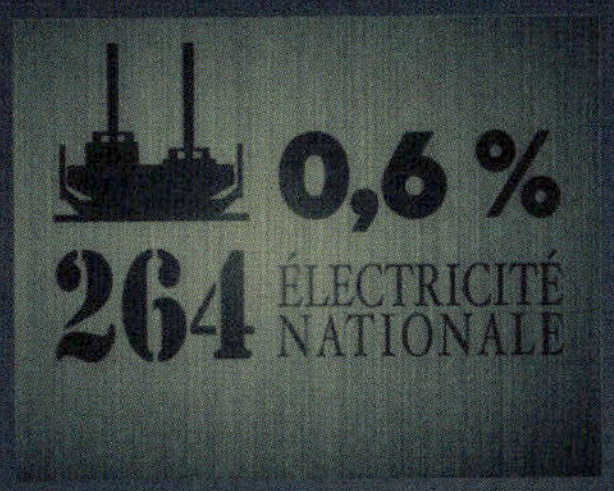

Ses 264 cuves d'électrolyse consomment 0,6% de l'électricité nationale. Autant que la ville de Dunkerque. Soit près d'un demi-réacteur nucléaire pour une seule usine ! Car, bien sûr, l'aluminium étant coûteux en électricité, le nucléaire est son meilleur allié.

LA MÉTHODE ISLANDAISE

À moins d'utiliser la géothermie, comme en Islande. Tirant son électricité à faible prix des sources de chaleur souterraines, le pays est devenu un eldorado pour les industriels de l'alu. En 2013, l'Islande a produit 800 000 tonnes d'aluminium. Le secteur représente 14 % de son PIB.

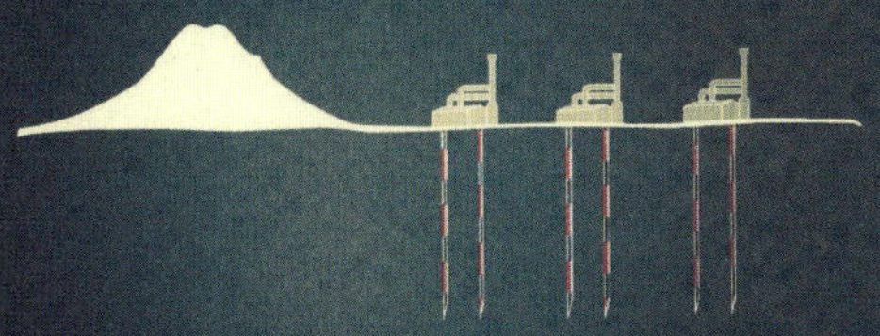

Mais les trois fonderies de l'île utilisent 5 fois plus d'électricité que ses 320 000 habitants. Elles consomment à elles seules 71% de l'électricité islandaise.

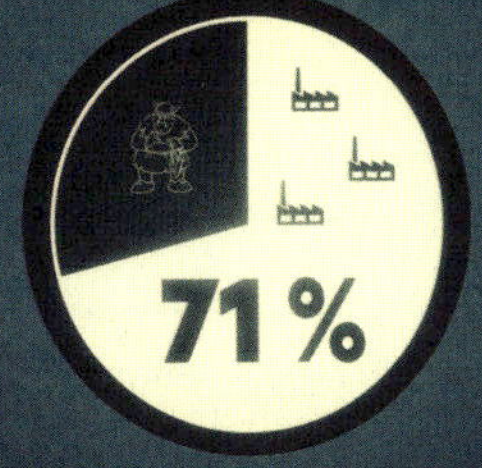

COULÉES DE BOUES ROUGES

Autre petit souci : avant l'électrolyse, gourmande en électricité, il faut transformer la bauxite en alumine. Or, ce procédé génère au passage quelques menus déchets. Ce sont les « boues rouges ». Elles contiennent plein de choses sympathiques : des métaux lourds, du souffre, du mercure, du cyanure, de l'arsenic et surtout de la soude caustique.

Pour 1 tonne d'alumine produite, 3 tonnes de boues rouges sortent ainsi de l'usine et, jusqu'à présent, on ne sait pas franchement quoi en faire. 3 milliards de tonnes de ces boues seraient stockées dans le monde.

En 2010, une cuve de stockage d'une usine à l'ouest de la Hongrie s'est rompue.
700 000 tonnes de déchets se sont répandus dans la campagne environnante causant 10 morts et obligeant l'État à maintenir l'état d'urgence dans la zone pendant 6 mois.

Heureusement, si le stockage pose problème, le déversement en mer est une option possible.

Dans le sud de la France, depuis 1966, l'usine de Gardanne a déversé 20 millions de tonnes de boues rouges directement dans la Méditerranée. Et même plus précisément dans les calanques de Cassis, parc naturel national depuis 2012.
La flaque de boue sous-marine s'étendrait sur 65 km, plongeant jusqu'à 2 300 m de profondeur.

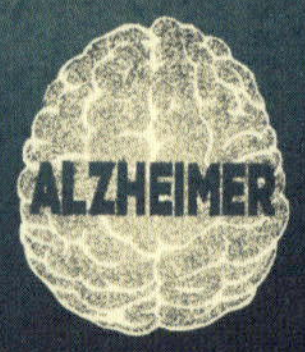

En 150 ans, l'aluminium s'est immiscé partout, jusque dans l'eau du robinet qu'il aide à blanchir mais aussi dans les crèmes, vaccins et médicaments.
Autant de façons de pénétrer notre organisme où ce métal si familier reste pourtant un corps étranger. Dans le cerveau, sa présence excessive augmenterait sensiblement les risques d'Alzheimer.

DTG #28

Voilà un métal qui semble nous éblouir jusqu'à l'oubli.

Retrouvez les sources sur http://bit.ly/DTG-Aluminium

DTG#29

DOPAGE : LA VICTOIRE EN INTRAVEINEUSES

Toujours plus loin, toujours plus haut, toujours plus faux.

Savez-vous quel est le point commun entre un golfeur et un joueur de pétanque ? Les béta-bloquants. Des médicaments parfaits pour ralentir le rythme cardiaque et doper la précision des putters ou des pointeurs. Car, oui, le dopage concerne tous les sports. Et pas uniquement le Tour de France où, entre 1996 et 2014, 14 vainqueurs sur 19 ont été contrôlés positifs.

JOLIES MOLÉCULES

Pour ça, on peut dire merci à la chimie de synthèse. Pendant la Seconde Guerre mondiale, les pilotes de la Royal Air Force prennent le manche chargés d'amphétamines. Elles réduisent la douleur et décuplent le mental.

Quelques temps plus tard, dans les années 1950, ces mêmes amphétamines vont permettre aux alpinistes professionnels de conquérir 12 sommets de plus de 8 000 m autour du globe.

Mais, même s'il est partout, le dopage est tabou.En 1964 en Allemagne de l'Est, ce sont les services secrets – la Stasi – qui étaient en charge de l'expérimentation des produits dopants.

Dans les clubs « Dynamo », anabolisants et stéroïdes furent testés sur 10 000 sportifs cobayes. Patineurs, skieurs, rameurs ou nageurs.

La suprématie olympique, ça se mérite.

DOPÉS À MORT

Sauf que le dopage, ça se paie aussi. Dans le championnat de football italien, entre 1960 et 1998, sur 400 joueurs décédés, 70 morts seraient liées au dopage. Plus de 17% !

Sur ce même championnat, le taux de cancers parmi les 24 000 joueurs est deux fois plus élevé que dans le reste de la population italienne.

Dans les années 1990, l'espérance de vie d'un joueur de football américain ne dépassait pas 55 ans. Buvez, éliminez !

UNE PIQÛRE D'AVANCE

Mais tout change en 1998 avec le scandale de l'équipe cycliste Festina.

Pour lutter contre le fléau, l'Agence mondiale Antidopage est créée. Son premier président est Dick Pound.

Un ancien nageur devenu avocat qui a notamment défendu Ben Johnson, reconnu coupable lors de son procès pour dopage suite à son record du monde sur le 100 m durant les JO de Séoul en 1988 !

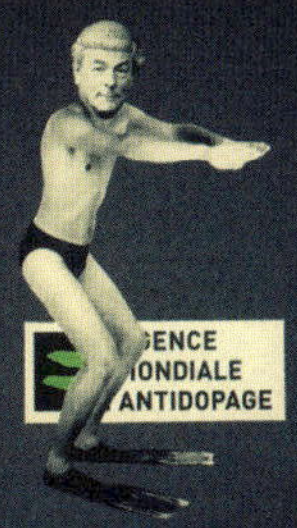

La réalité, c'est que les dopés ont toujours une longueur d'avance, y compris sur les tests.

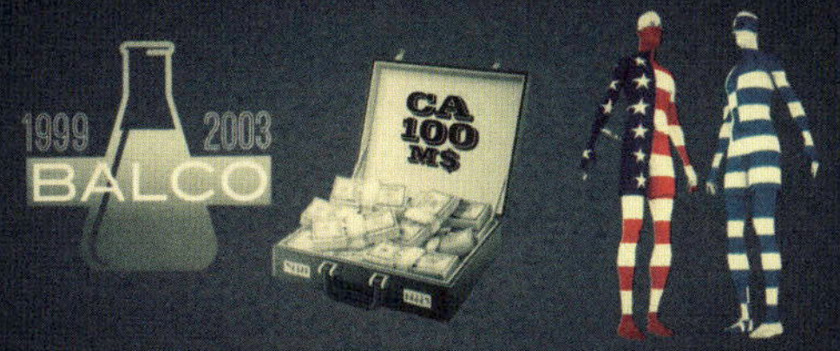

Entre 1999 et 2003, les laboratoires américains Balco ont réalisé 100 millions de dollars de chiffre d'affaires grâce au THG, un stéroïde dont raffolait les champions américains et grecques d'athlétisme. Vendu 350$ la dose, il avait le grand avantage d'être indétectable.
Il faudra attendre 2003 et que les inspecteurs du fisc entrent chez Balco armes au poing, pour enrayer la machine.

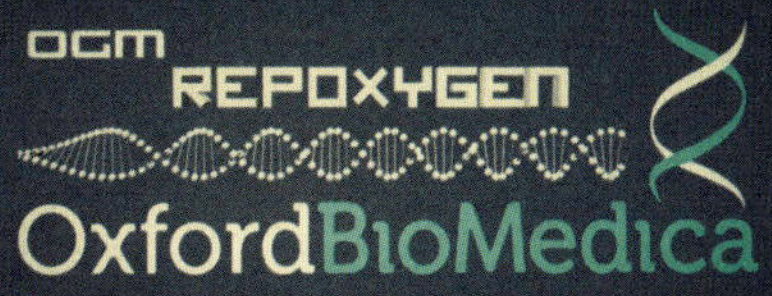

Depuis quelques années, les laboratoires anglais Oxford Biomedica proposent des cellules génétiquement modifiées, des OGM. Appelées Repoxygen, elles densifient le sang comme l'EPO. Sur les 23 laboratoires agréés par l'AMA, seul celui de Cologne est à ce jour capable de les détecter. Les chercheurs devraient aussi monter sur le podium !

L'OR DERRIÈRE LES RECORDS

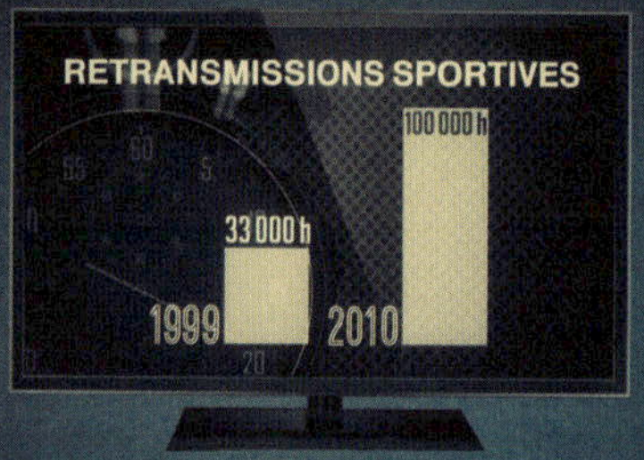

Il faut dire que le jeu en vaut la chandelle. Entre 1999 et 2010 en France, la durée des retransmissions sportives à la télévision est passée de 33 000 heures à 100 000 heures.

750 millions d'euros par an entre 2016 et 2020, c'est ce que touchera la Fédération française de football pour les matchs de ligue 1 et 2.

Bien en dessous des 2,3 milliards d'euros par saison du football anglais.

En 2014, pour les Jeux Olympiques de Sotchi, le C.I.O a facturé 1,3 million d'euros par jour à France Télévisions.

À ce prix-là, le record devient un enjeu crucial.

VU À LA TV

Et ces performances inhumaines sur grand écran créent des vocations.

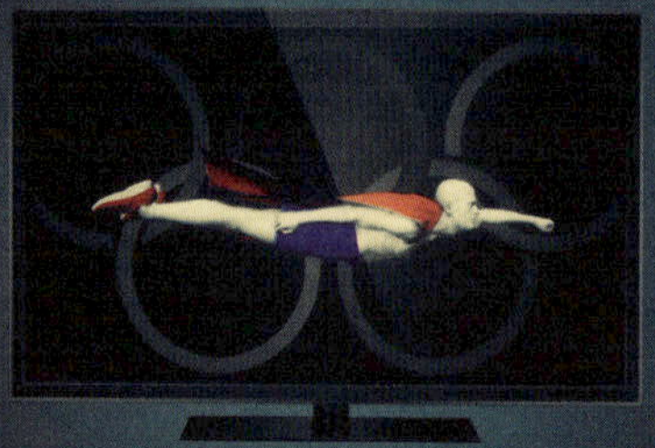

Au début des années 2000, près de 10% des sportifs amateurs reconnaissaient utiliser des produits dopants.

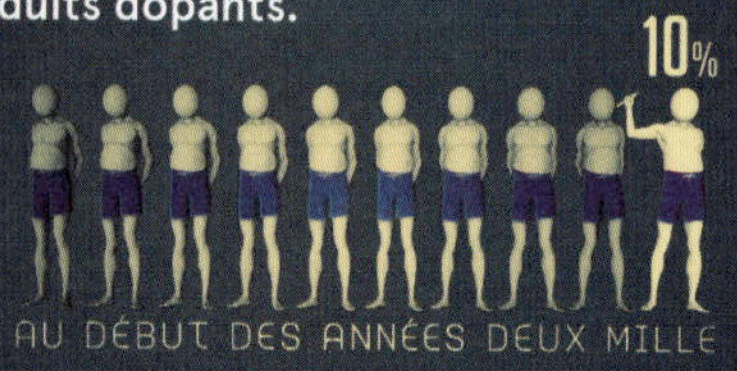

Des traces d'anabolisants ont même été détectées chez des enfants de 8 ans. Et, comme chez les pros, les résultats sont au rendez-vous.

En 2013, à Sarlat, un jeune espoir rugby est mort d'un cancer foudroyant à seulement 20 ans. En cause : la créatine qu'il s'injectait, sans aucun suivi médical, pour augmenter sa masse musculaire.

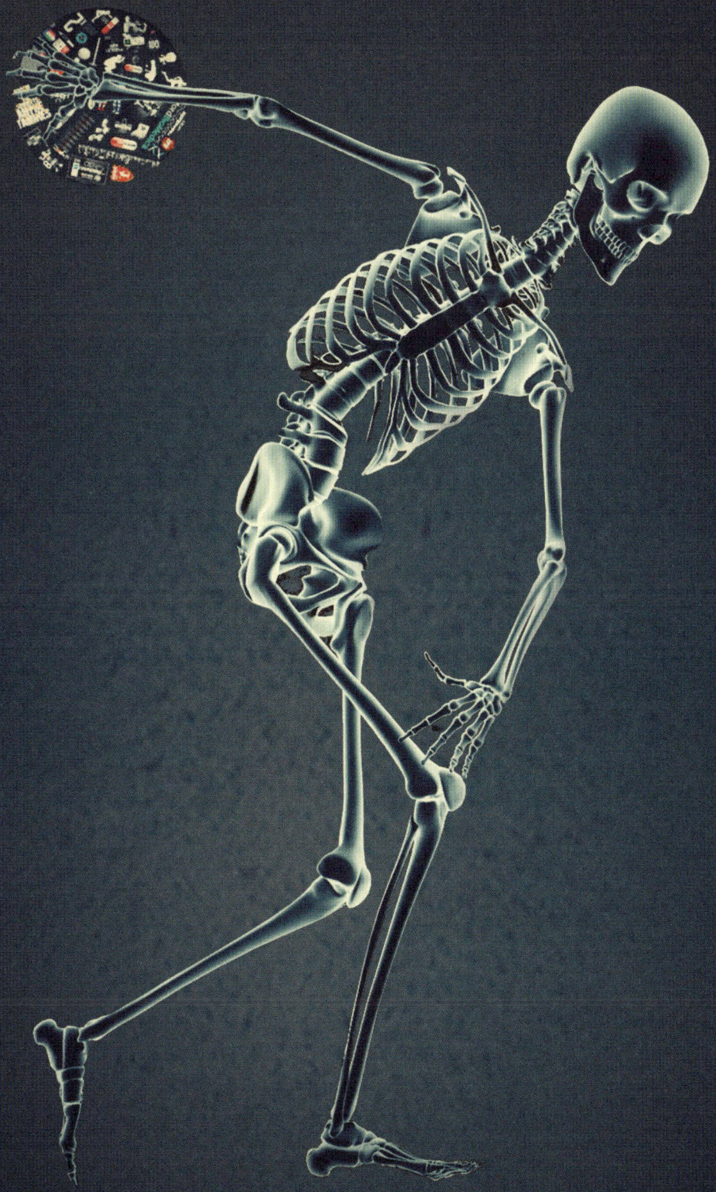

Si l'important est de participer, l'essentiel reste – encore et toujours – de l'emporter. Peu importe la seringue, pourvu qu'on ait le record. Vivant ou mort.

Retrouvez les sources sur http://bit.ly/DTG-Dopage

DTG#30

SUCREZ, SUCREZ-MOI !

*Un client conditionné à revenir,
c'est un commerce assuré de grandir.*

Près de 44 500 emplois, plus de 4,3 milliards d'euros de chiffre d'affaires et tout cela rien qu'en France, voilà un business florissant : le sucre ! En même temps, difficile de résister à ce mignon petit carré blanc. Si pur, si inoffensif.

OUI, SAUF QU'EN FAIT...

La majeure partie du sucre que l'on consomme aujourd'hui, n'est plus ni carré, ni blanc. Il est parfaitement invisible et s'est invité partout. Dans les sodas et biscuits bien sûr mais aussi dans bon nombre de plaisirs supposés salés. 3 cuillères à café dans une fondue aux poireaux ou 7 cuillères dans certains sandwichs...

Cette douceur, l'industrie alimentaire en raffole. En France, c'est elle qui utilise près de 60% du sucre produit. Et comme il est partout, cet or blanc se vend bien.

Nous en consommons en moyenne 35 kg par an contre seulement 2 kg dans les années 1800.
Jolie culbute.

D'OÙ VIENT CET INTÉRÊT INDUSTRIEL POUR LE SUCRE ?

Prenez un groupe de 10 rats. Injectez-leur de la cocaïne directement par intraveineuse. Puis, une fois qu'ils sont bien accrocs, proposez-leur de l'eau sucrée. Ils seront 8 sur 10 à basculer dans une terrible dépendance… au sucre.

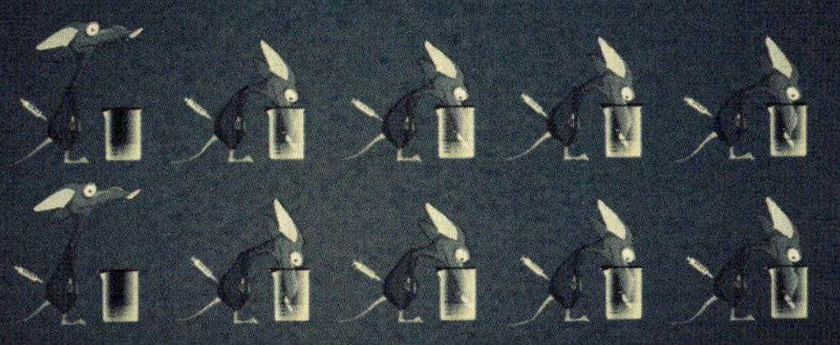

Ah, les rats, ces junkies de laboratoire.

L'expérience est véridique. Elle a été menée par un chercheur français du CNRS et les symptômes pour ces rongeurs sont clairs : tremblements, suées, chute de température ou agressivité, l'état de manque est bien là.

Derrière la douceur du goût se cacherait donc une drogue féroce ?

SUCRER PLUS POUR VENDRE PLUS

Voilà un business model implacable.
La compétition est ouverte et depuis longtemps. En 1970, les boîtes de céréales Super Orange Crisp, disparues depuis, contenaient déjà plus de 70% de sucre !

L'enjeu est de taille : en habituant le palet dès le petit déjeuner – et dès le plus jeune âge – ce sont des générations de consommateurs assurées. Devenus grands, tout ce qui ne sera pas sucré semblera fade.

En 2004, Howard Moskowitz, chercheur en marketing américain a même défini le « bliss point ». C'est LE dosage parfait entre sucre, sel et graisse pour que le plaisir soit optimal.

Il lui a fallu tester 61 formules différentes sur 3 904 buveurs pour établir la formule miracle de la version Cherry Vanilla du soda Dr. Pepper qui a eu un grand succès depuis.

L'OMBRE DES PLAISIRS SUCRÉS

Obésité et diabète ont aussi connu un terrifiant succès ces derniers temps. D'après l'Organisation mondiale de la Santé, plus de 40 millions d'enfants de moins de 5 ans étaient en surpoids en 2012 et les cas d'obésité ont doublé dans le monde depuis 1980.

Encouragées par l'excès de sucre, ces deux épidémies sont deux des plus importants facteurs de décès dans le monde.

OBESITE
DIABETE

En 2014, l'OMS a donc abaissé ses seuils : il ne faudrait pas consommer plus de 25 grammes de sucre par jour. Regardons ce que contient une canette de coca :

C'est balo.

L'HYPOCRISIE EN POUDRE

Les industriels répondent que c'est au consommateur de ne point abuser.

Pour l'aider, un système des vignettes rouges, oranges et vertes a été proposé par certains députés européens. Ces feux tricolores, clairement visibles sur les produits, alertaient sur les plus chargés en sucre, sel et graisse.

1000000000

d'euros, c'est le coût du lobbying qui a permis aux industries alimentaires d'empêcher cette mesure.

À ce compte, pas sûr que ce soient les consommateurs les plus difficiles à sevrer.

Retrouvez les sources sur http://bit.ly/DTG-SucrezMoi

DEFORESTATION : LE CHANT DES SCIES REGNE

« Les forêts précèdent les peuples, les déserts les suivent », celle-là est de Chateaubriand.

Les forêts abritent 80% de la biodiversité terrestre. Qu'il s'agisse des cycles de l'eau, des minéraux, du phosphore ou encore du CO_2, les arbres sont essentiels au bon fonctionnement de notre petite planète bleue. Et pourtant nous scions consciencieusement cette branche sous laquelle il est si vital de venir se (re)poser.

L'HÉCATOMBE

4 milliards d'hectares, soit plus de 30% des terres émergées. Voilà la surface couverte par les forêts aujourd'hui dans le monde.

C'est moins qu'hier mais plus que demain.

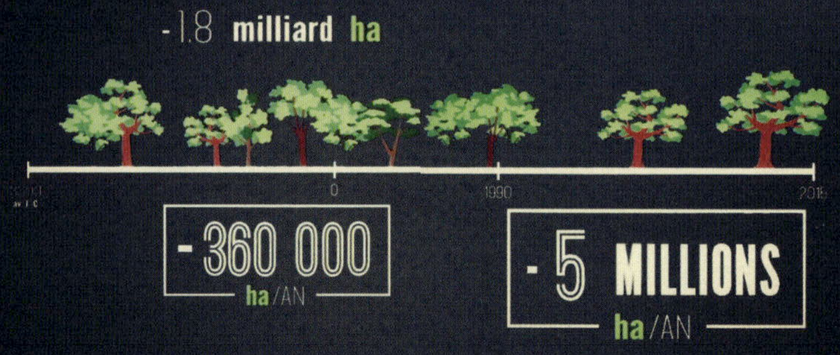

Ces 5 000 dernières années, 1,8 milliard d'hectares de forêts ont disparus. 360 000 hectares par an.
Mais ça, c'était avant.

Depuis 1990, ce sont désormais plus de 5 millions d'hectares qui sont abattus chaque année, presque de 15 fois plus.

CHAMPS CONTRE FORÊTS

Construction, combustible, papier...
Les utilisations du bois sont multiples. Entre 1993 et 2013 par exemple, la production mondiale de papier et de carton est passée de 253 millions de tonnes à 398 millions.

Un bond de 57% !
Mais si l'on coupe des arbres, ce n'est pas tant pour leur bois : c'est surtout pour occuper le terrain.

80% de la déforestation est liée à l'expansion des terres agricoles. Entre 1990 et 2012, l'Indonésie a ainsi perdu plus de 21% de ses forêts.

Dans le même temps, les surfaces cultivées pour la production d'huile de palme sont passées de 1 million dans le milieu des années 1990 à plus de 8 millions en 2014.

LES INÉGALITÉS MONDIALES

Rassurez-vous, ces cinq dernières années, le carnage semble s'être adouci. Alors que la superficie forestière mondiale reculait de 0,18% par an entre 1990 et 2000, ce chiffre est tombé à 0,08% entre 2010 et 2015. Super !

Ou presque, car ces chiffres mondiaux cachent une forêt d'inégalités.

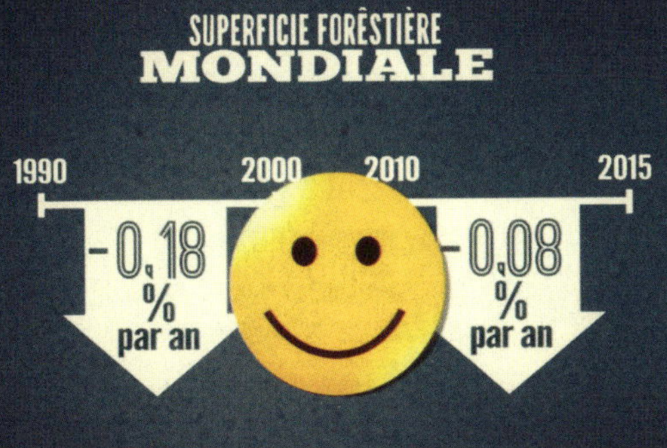

Entre 1990 et 2012, la France a gagné plus de 10% de couvert forestier supplémentaire, tout comme l'Angleterre. La Norvège frôle même les 12%.

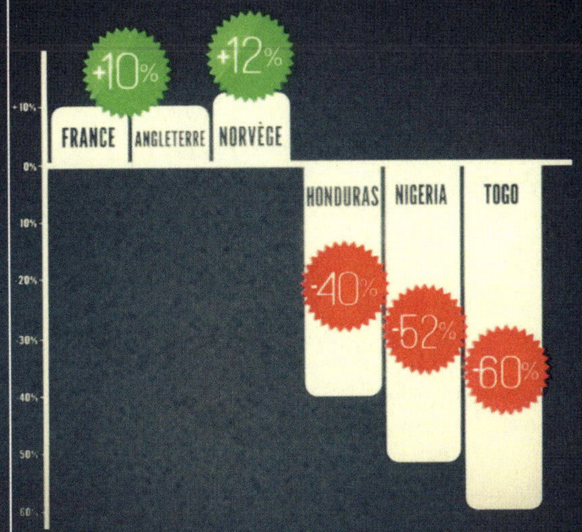

Mais, dans le même temps, le Honduras a perdu près de 40% de ses forêts, le Nigeria 52% et le Togo 60%.

LA DÉFORESTATION N'A JAMAIS ÉTÉ UNIFORME

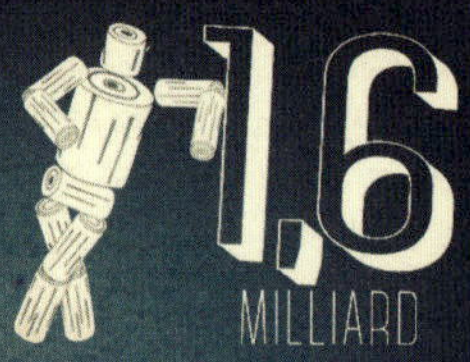

Jusqu'au xxe siècle, la déforestation décimait surtout les forêts tempérées, principalement en Amérique du Nord, en Asie et en Europe. Depuis, ce sont les forêts tropicales qui souffrent le plus. Délocaliser, ça marche aussi pour la coupe des arbres.

Conséquence : les populations locales sont progressivement privées d'une ressource essentielle. 1,6 milliard de personnes dépendent du bois pour leur subsistance. Plus de 21% de la population mondiale.

TRAFICS EN TOUS GENRES

Avec un chiffre d'affaires 30 milliards de dollars au niveau mondial, la coupe illégale est devenue un fléau rentable. 15% à 30% du bois vendu dans le monde serait issu de circuits illégaux.

En 2013, au Brésil, dans les seuls États du Maranhão et du Pará, 500 000 m³ de bois ont été certifiés par des faux papiers. De quoi remplir 14 000 camions !

Le bois devient même parfois le nerf de la guerre. De 1979 à 2003, une guerre civile ravage le Liberia. Le bois devient progressivement une monnaie d'échange. Des rondins contre des fusils. Au total, 17 exploitants forestiers auraient participé au trafic d'armes pendant ce conflit. Les forêts tropicales sont un nouvel eldorado.

ADIEU BIODIVERSITÉ

Aujourd'hui, il ne reste que 20 % de forêts primaires dans le monde et elles sont situées principalement dans ces zones tropicales. Pas de bol. Rongés par la déforestation, ces espaces préservés de toute modification humaine sont pourtant de véritables creusets de biodiversité. Ces forêts abritent des arbres parfois millénaires. Et ce n'est pas juste sublime, c'est aussi essentiel. Plus les arbres sont vieux, plus ils captent le CO_2 de l'atmosphère.

D'après une étude menée en Amazonie, sur 200 000 arbres représentant 3 600 essences, 1% d'entre eux, les plus âgés, prennent en charge 50% du CO_2 stocké. Depuis vingt-cinq ans, la quantité de carbone absorbée par les forêts mondiales a chuté de plus de 17 gigatonnes.

Aujourd'hui, 7% des surfaces arborées sur le globe ont été plantées par l'homme. Trop souvent en fonction de nos intérêts à court terme.

Il faut des arbres rentables, qui poussent vite. Comme l'eucalyptus ou le pin. Et peu importe si ces monocultures appauvrissent les sols.

ARBRES
PARÁ
MARANHÃO
LIBERIA
ILLÉGAUX
17
EXPLOITANTS
FORESTIERS
FORÊTS
TROPICALES
ELDORADO
0,08%
INÉGALITÉS
BIODIVERSITÉ
INÉGALITÉS
ARBRES
1M
- 21% FORÊTS
8M
INDONÉSIE
production d'huile de palme
zones tropicales
20%
FORÊTS
PRIMAIRES
50%
CO2 stocké
%
ENTRE 1990 ET 2012
3600
ESSENCES
AMAZONIE
200 000
ARBRES
DÉLOCALISER
ARBRES
1,6
MILLIARD
21%

Une forêt primaire met 700 ans à se constituer.
Un peu d'humilité ne fait jamais de mal. Car, au-delà du vacarme des tronçonneuses, il serait temps de réapprendre à écouter les forêts pousser.

Retrouvez les sources sur http://bit.ly/DTG-DeforestationLeChantDesSciesRegne

DTG#32

PRIVES DE VIE PRIVEE ?

Le problème avec l'exception, c'est quand elle devient la règle.

Télégraphes, téléphones fixes puis mobiles, fax, Internet, les moyens de communication modernes ont toujours été au cœur d'une tension permanente. Pour les services de renseignement : surveiller ce qui y transite est un enjeu majeur. Pour chacun d'entre nous : la préservation du caractère privé de nos échanges l'est tout autant.

GRAND FILET ET FINES MAILLES

Rien que sur la téléphonie mobile, entre 1994 et 2014, le nombre d'abonnés en France est passé de 280 000 à 78,4 millions !

En 2013, 196 milliards de SMS ont été échangés en France, 6% de plus que l'année précédente. Additionnés aux données échangées en 2014 par plus de 54 millions d'internautes sur le sol français, vous obtenez un trésor d'informations.

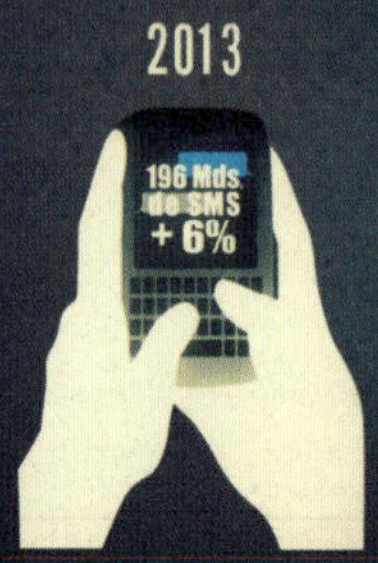

Du coup, tout change. Il y a quelques années, pour savoir si vous étiez passé dans une pièce, il fallait y trouver vos empreintes et ajuster au moins 12 points identiques avec l'une de celles stockées dans les fichiers policiers.

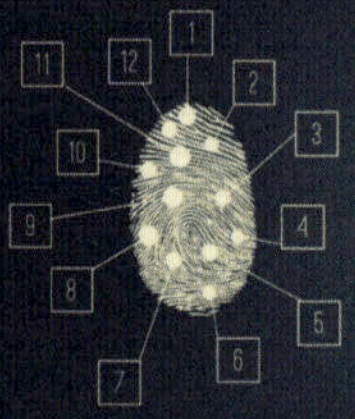

Aujourd'hui, 4 connexions sur 4 antennes de téléphonie portable différentes suffisent à identifier quelqu'un à 95%.

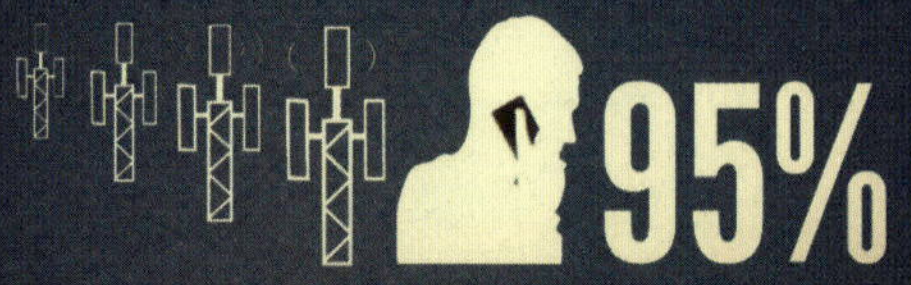

Alors, dans ce rapport de force entre hyper-communication et désir de surveillance, l'équilibre tient en une simple question : qui surveille les surveillants ? Et là où la loi devrait assurer cet équilibre, une notion vient régulièrement le mettre en danger : l'exception.

Au lendemain des attaques du 11 septembre 2001, le congrès américain vote le Patriot Act. Une loi dite « d'exception » sensée aider temporairement à lutter contre cet ennemi invisible qu'est le terrorisme.

14 ans plus tard, cette loi est toujours en vigueur et l'exception est devenue la règle. Au passage, l'article 215 a notamment permis de collecter les données d'appels de tous les abonnés de l'opérateur téléphonique Verizon.

Face à la menace, pas de temps à perdre avec des principes démocratiques.

OUI, MAIS NON

En 2014, la Cour de Justice de l'Union européenne a invalidé une directive sur la conservation des données personnelles adoptée en 2006, juste après les attentats de Madrid et de Londres.

Trop de données sont stockées trop longtemps sans même que l'utilisateur en soit informé en cas d'utilisation. Une attaque du droit fondamental à la vie privée selon la justice européenne.

SUSPECT PAR ALLIANCE

Mais après tout, si on a rien à cacher, peu importe ! Ou pas.

La NSA, l'agence de renseignement américaine qui scrute les réseaux, s'autorise à remonter jusqu'à trois degrés de relations à partir d'une personne potentiellement suspecte.

C'est-à-dire qu'en fonction des gens qui sont en contact avec les gens qui sont en contact avec les gens qui sont en contact avec vous, vous êtes potentiellement louche.

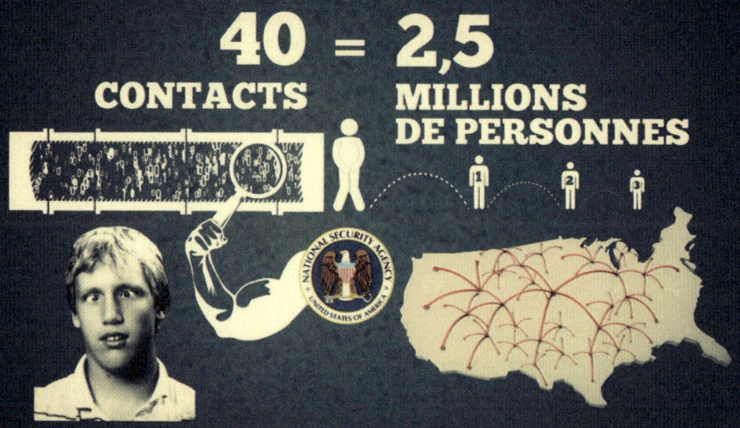

À partir d'une cible ayant 40 contacts dans son téléphone, 2,5 millions de personnes peuvent ainsi devenir suspectes.

DANS LES BOÎTES NOIRES

En France, 3 mois après les attentats de *Charlie Hebdo* à Paris, l'un des articles du Projet de loi sur le Renseignement prévoit l'installation de boîtes noires pour surveiller le trafic sur Internet.

Plus précisément pour détecter des comportements « suspects ». Mais pour identifier un comportement « anormal » – donc suspect – il faut surveiller les communications privées d'une majorité considérée comme non-suspecte, donc « normale ». C'est-à-dire M. et Mme Tout-Le-Monde.

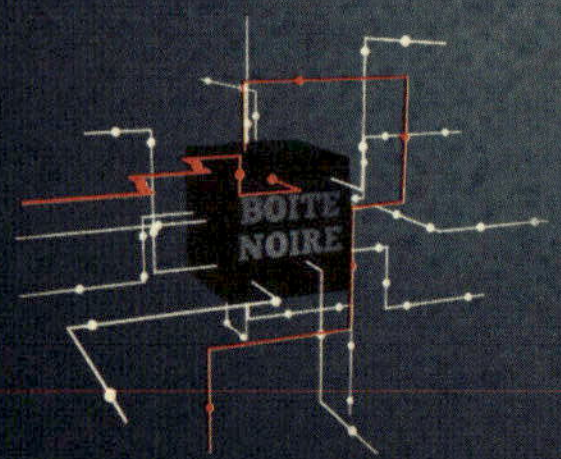

D'après le projet de loi, des algorithmes placés dans ces boîtes noires aideront à cette surveillance. La question n'est donc plus de surveiller les surveillants mais de surveiller des algorithmes qui sont écrits pour des surveillants. La transparence devient opaque.

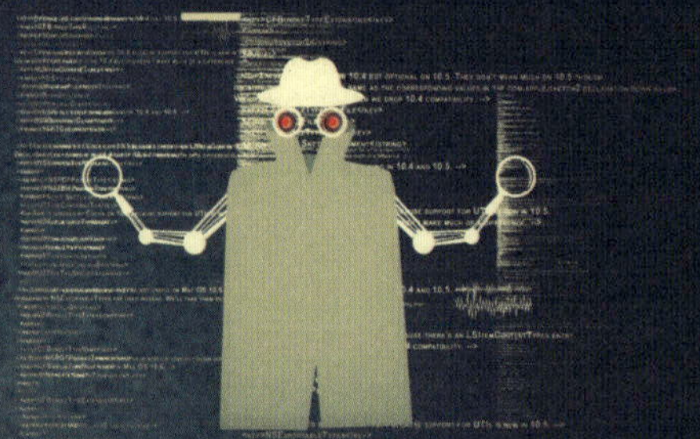

Et, sans garde-fou solide, la normalité risque vite de devenir « tout ce qui n'est pas anormal ». Donc ce que les algorithmes laisseront hors de leurs radars.

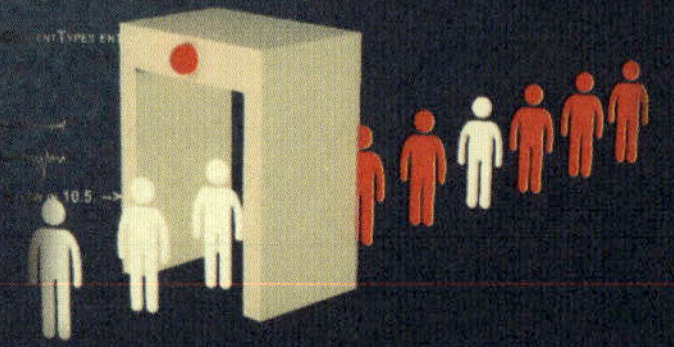

Protéger le secret des communications, c'est éviter que l'exception devienne la règle. Et que la crainte de la surveillance ne tourne à l'auto-censure. Car préservation de la vie privée rime souvent avec liberté.

Retrouvez les sources sur http://bit.ly/DTG-PrivesDeViePrivee

DTG#33

CANNABIS, LA DROGUE DOUCE DONT L'HYPOCRISIE DURE

Quand il y a deux poids, deux mesures, tout est une question de balance.

Teusch, hasch, Ganja, beuh, weed, kiff, skunk, sinsé... Derrière ce champ lexical fleuri, se cache une plante ancestrale : le chanvre. Et une consommation, elle, bien moderne : celle du cannabis. La drogue la plus populaire dans le monde.

EN EUROPE

En 2011, sur 1 million de saisies de stupéfiants en Europe, 80% étaient des produits dérivés du cannabis : herbe, résine ou plants.

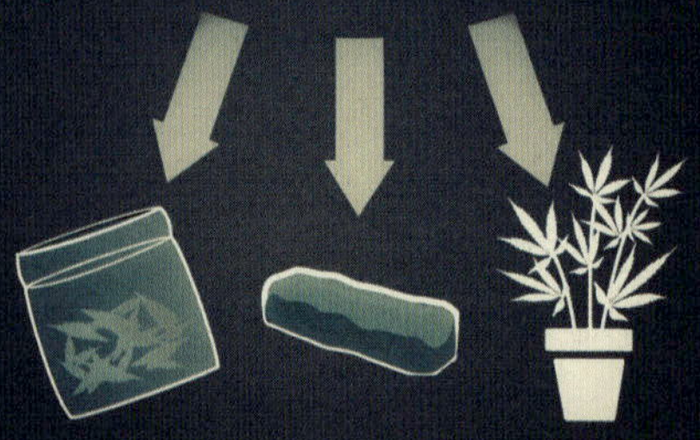

La France est le numéro deux européen, juste derrière la République tchèque.

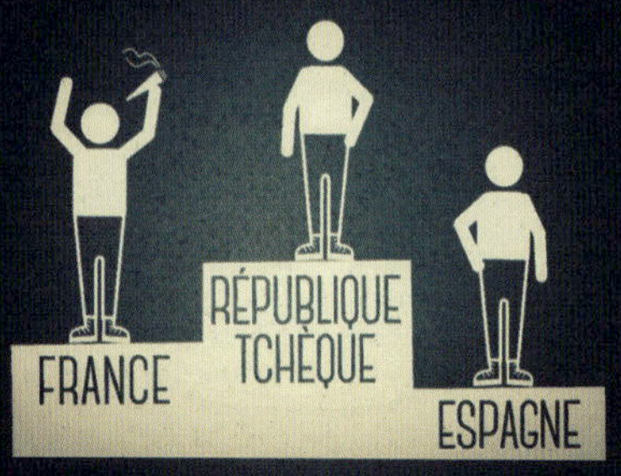

Détenir de tels produits est parfaitement illégal. La législation française est d'ailleurs l'une des plus répressives. Quelle que soit la quantité et l'infraction – production, détention, vente, achat ou simple usage – le risque est toujours le même : la prison. De 1 à 20 ans.

Pourtant, en France, à 16 ans, 40% des ados ont déjà testé le cannabis. Gros score.

Bien loin devant Pays-Bas, LE pays des coffee-shops, où les ados ne sont que 26% à tenter l'expérience. Criminaliser ne serait donc pas pédagogique ? Voilà qui est étonnant.

MAIS D'OÙ VIENT CETTE IDÉE D'INTERDIRE LE CANNABIS ?

Glissons vers les États-Unis. Dans les années 1930, la morphine et l'aspirine voient le jour et les labos pharmaceutiques ont évidemment besoin d'un marché pour les écouler.

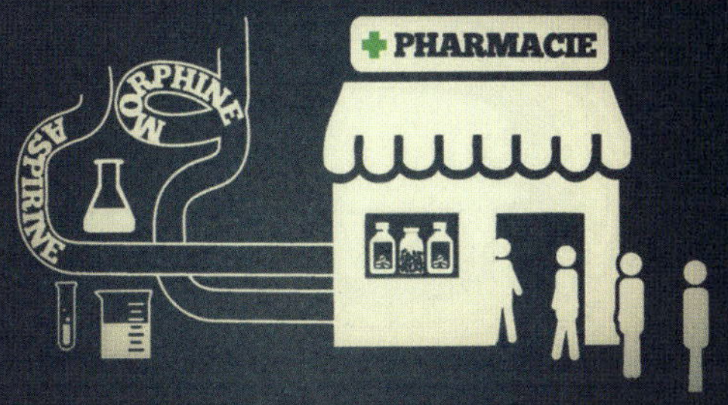

Le cannabis – anti-douleur aujourd'hui reconnu pour des maladies comme la sclérose en plaque ou certains cancers – était alors un dangereux concurrent.

Au même moment, dans la presse américaine, certains prétendaient que cette drogue était la cause des viols de femmes blanches par les fumeurs noirs. Un argument d'époque qui fut une aubaine pour les industriels du médicament. Même le Congrès américain n'hésitera pas à l'utiliser.

Résultat : le cannabis et ses dérivés sont interdits dès 1937.

Et comme les États-Unis sont toujours en avance sur le reste du monde, cette prohibition s'est doucement répandue à travers le globe.

En France, au-delà des résines, têtes, feuilles et autres produits récréatifs, les médicaments contenants des extraits de cannabis sont également formellement proscrits par la loi sur les drogues de 1970.

La belle hypocrisie.

LE CAS DE L'OPIUM

Avec quoi fabrique-t-on la morphine ? L'opium, une drogue bien connue.

Deux substances psychotropes ont un usage thérapeutique avéré et une seule a les faveurs du marché.
Deux poids, deux mesures.

Au passage, la France est l'un des leaders mondiaux dans la production de morphine. Coïncidence ? Peut-être.

SACRÉS DEALERS

Les choses changent. Depuis janvier 2014, le Sativex, un médicament à base de cannabis, est autorisé en France. Mais, fin 2016, il n'avait toujours pas été commercialisé, faute d'un accord sur le prix du médicament exigé par le fabricant.

MARCHÉ ILLÉGAL ET GRAND BANDITISME

Pendant ce temps, le marché illégal change lui aussi. L'herbe européenne gagne du terrain sur la résine marocaine. Les saisies ont presque doublé en France entre 2008 et 2012. Tout un système se développe : des champs contrôlés par la mafia en Italie aux « cannabis factories » tenus par des gangs au Royaume-Uni, Belgique et Pays-Bas.

Un monde joyeux fait de corruption, de blanchiment d'argent et de morts violentes.

En France, 500 millions d'euros annuels sont consacrés à la répression avec une efficacité relative.

Mais, chez les plus vulnérables, les effets secondaires sont, eux, bien réels. Près de 20% des moins de 17 ans sont au bord de la dépendance ou ont déjà basculé. L'enjeu de santé publique risque alors de prendre le dessus sur la criminalité.

Dans ce contexte, la prohibition totale pose bien plus de problèmes qu'elle ne semble apporter de solutions. À chacun ses écrans de fumées...

Retrouvez les sources sur http://bit.ly/DTG-CanabisLaDrogueDouceDontlHypocrisieDure

DTG#34

ENERGIES FOSSILES : MORTELLES SUBVENTIONS

Dans un monde de finances, là où va l'argent, va l'avenir.

Alors que nos émissions de CO_2 continuent de battre des records et que le changement climatique devient notre compagnon de route, pourquoi est-il si difficile de quitter les énergies fossiles – charbon, pétrole et gaz – pourtant responsables d'une grande partie des dégâts ? Peut-être parce que tout un système de subventions les rends particulièrement attrayantes et peu chères.

LE PÉTROLE, CE JOYAU

Plus de 900 000 barils de pétrole chaque jour. Voilà ce qui sort du seul gisement de Bakken au nord des États-Unis.

Avec l'or noir puisé dans les couches de schiste de leurs sous-sols, les USA pourraient, au total, avoir doublé leur production de pétrole entre 2015 et 2017.

Le voisin canadien, grâce aux sables bitumineux de l'Alberta, dispose lui de la 3e réserve mondiale.

Soit 168 milliards de barils bien au chaud, dans la croûte terrestre.

« QUAND Y'EN A PLUS, Y'EN A ENCORE ! »

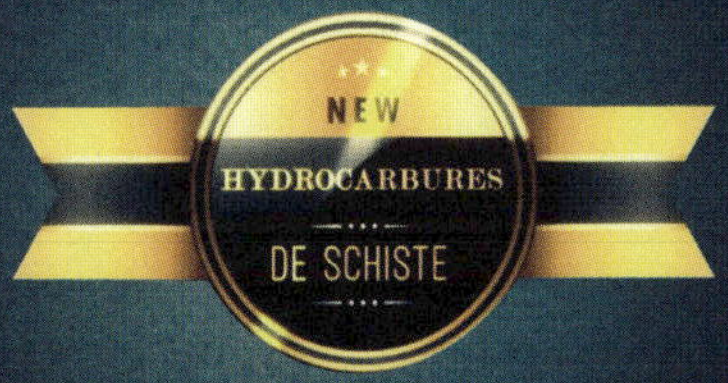

La récente découverte des hydrocarbures de schiste a fait bondir les réserves mondiales de pétrole de 11% et celles de gaz de 47% ! Sans compter les trésors fossiles cachés sous les glaces du Pôle Nord, que la fonte de l'Arctique pourrait rendre accessibles plus tôt que prévu.

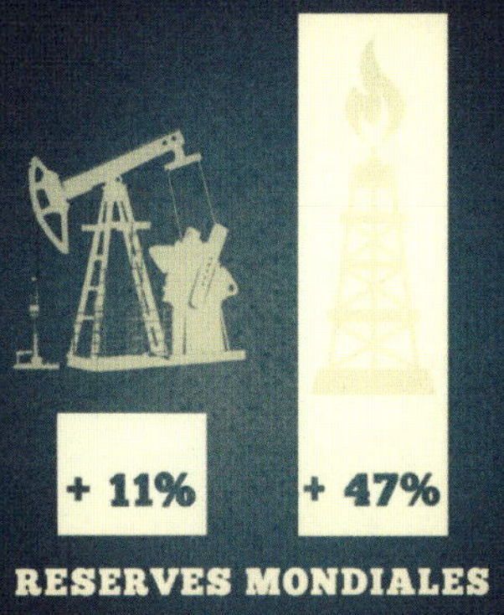

De quoi consumer le monde encore longtemps.

TOUJOURS PLUS PROFOND

Sauf que, plus les années passent, plus ces réserves deviennent difficiles d'accès.

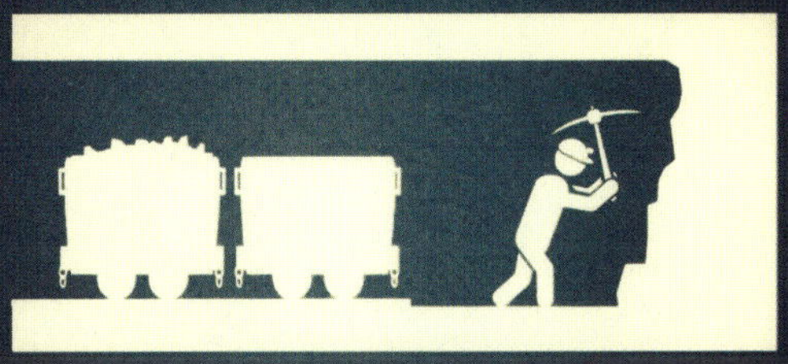

Aux États-Unis, entre 1949 et 2008, la profondeur moyenne des puits de pétrole est passée de 1100 m à 1500 m, un tiers de plus. Les forages de gaz naturel atteignent désormais en moyenne 2000 m, deux fois plus qu'après guerre.

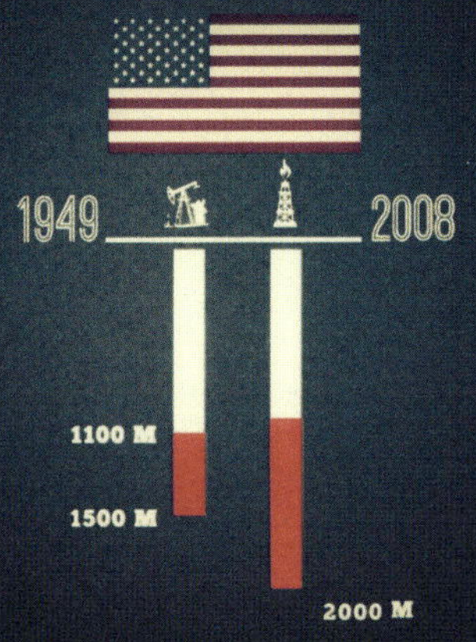

Et en mer, pour atteindre le gisement de Carcara au large du Brésil, la société Galp Energia a plongé à 2072 m sous l'eau avant de creuser la roche sur 6178 m. Soit une épopée 8250 m.

Plus que l'ascension du Cho Oyu, le sixième plus haut sommet du monde.

TOUT CELA COÛTE TRÈS CHER

Entre 1976 et 2009 les frais d'exploitation des puits de pétrole en Californie ont été multipliés par 4. Idem pour le charbon : entre 2004 et 2011, les coûts pour extraire une tonne de ce caillou noir des sous-sols américains ont grimpé de 80% !

HEUREUSEMENT, LES SUBVENTIONS SONT LÀ !

À la fin des années 1970 déjà, face à l'épuisement des puits de gaz, le président américain Jimmy Carter offre jusqu'à 40% d'économies d'impôts aux compagnies gazières pour trouver de nouvelles réserves.

En 2011, l'Allemagne allouait au secteur du charbon une aide estimée à 2 milliards d'euros. Et encore, elle était de 5 milliards en 1999.

Selon le FMI, en 2013 les énergies fossiles bénéficiaient de 4 900 milliards de dollars de subventions sous diverses formes.

4 900 000 000 000 $

Soit 6,5% du PIB mondial. Plus que la somme de toutes les politiques de santé au monde réunies.

CONCURRENCE DÉLOYALE

Sans ces subventions, le prix réel des énergies fossiles grimperait rapidement. Celui des énergies renouvelables deviendrait alors bien plus attractif.

Supprimer totalement ces aides pourrait réduire de 20% les émissions de gaz à effet de serre et de 50% les morts prématurées liées à la pollution de l'air.

Mais il est difficile de changer nos habitudes fossilisées. Entre 2012 et 2014, les investissements de la Banque mondiale dans les énergies fossiles ont augmenté de 32%. En 2014, elles ont dépassé les 3,3 milliards de dollars. Sur la même période, les sommes allouées aux énergies renouvelables propres ont connu une hausse de... 0,6%.

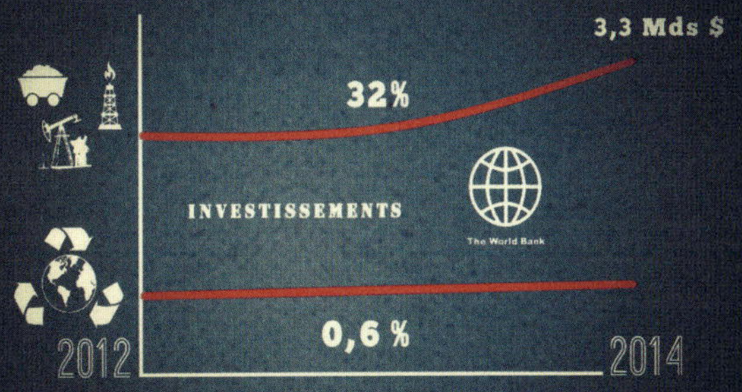

Or, pour éviter que les températures n'augmentent de plus de 2°C dans les années à venir, il faudrait laisser un tiers du pétrole, la moitié du gaz et 80% du charbon sous terre.

Alors que les subventions restent intouchables, certains ont choisi d'attaquer l'autre face du problème : les investissements.

BONJOUR « DIVESTMENT » !

Réduire les financements accordés aux énergies fossiles, voici ce qu'on appelle le « divestment ». En avril 2015, dans l'État de New York, après 2 années de campagne des étudiants sur le campus, l'université de Syracuse s'est engagée à retirer 1,18 milliard de dollars investis dans des compagnies pétrolières, gazières et charbonnières.

Tout comme les universités de Stanford, du Maine ou de Glasgow avant elle.

Au même moment en France, BNP-Parbibas, le Crédit Agricole et la Société Générale se sont engagées à ne plus financer des projets de mines de charbon pharaoniques en Australie.

Quant au fonds de retraite des fonctionnaires de San Francisco, il a retiré 583 millions de dollars des énergies fossiles pour les réinvestir dans des ressources renouvelables.

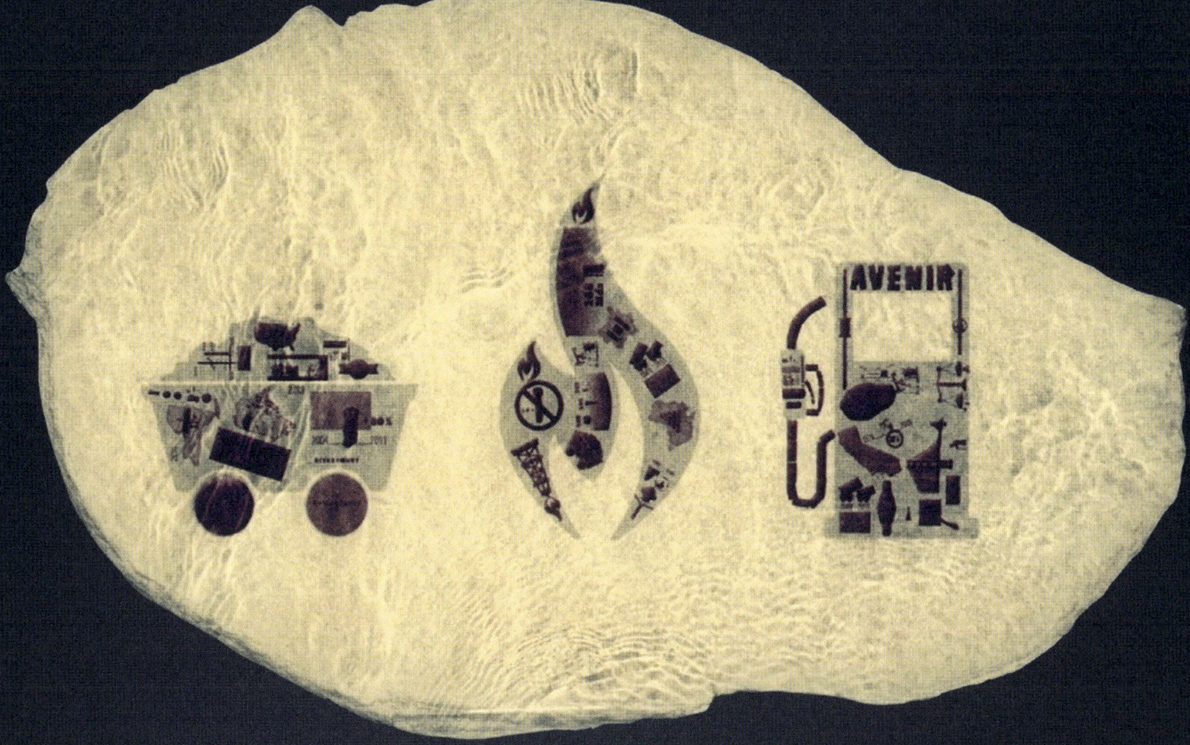

Détourner des flux financiers pour aider des énergies aujourd'hui alternatives, voilà une autre forme de subvention qui tente de rééquilibrer la balance. De quoi peut-être enfin ébranler nos vieilles habitudes subventionnées.

Retrouvez les sources sur http://bit.ly/DTG-EnnergiesFossiles

DTG#35

A QUI PROFITE LA TAULE ?

Si le crime ne paie pas, les prisons elles, oui !

La surpopulation carcérale est un mal récurrent depuis des décennies. Une réalité qui bride souvent le travail de réinsertion et limite une approche différente des peines prononcées. Mais, tandis que les détenus sont de plus en plus nombreux, les prisons elles sont de plus en plus privées. La population carcérale devient alors un marché à rentabiliser.

LES CHIFFRES

66 270 détenus pour 57 841 places dans 188 établissements pénitentiaires, soit un taux d'occupation de 114%.

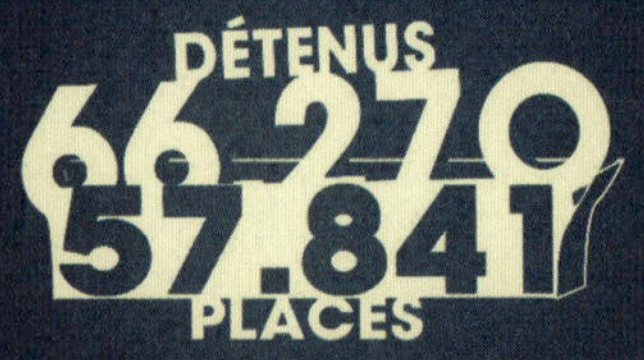

En 2015, les prisons françaises semblent avoir un léger problème de surpopulation.

Mais ça n'est pas nouveau. En 1987, le taux d'occupation des 178 geôles de l'hexagone était déjà de 160%.

LA PRIVATISATION

Heureusement, le garde des sceaux de l'époque, Albin Chalandon, a la solution.

Convaincu que le secteur privé réussira là où l'État à échoué, il décide d'ouvrir ce vaste marché carcéral aux entreprises françaises.

En 1988, il lance le « programme 13 000 ». Un plan d'envergure qui prévoit d'ajouter 12 824 places en cellule.

Après tout, il avait déjà privatisé les autoroutes dans les années 1970, pourquoi pas le parc pénitentiaire ?

LA GESTION DÉLÉGUÉE

Bienvenue dans les prisons en « gestion déléguée » où seules les fonctions dites « régaliennes » – la direction, le greffe et la surveillance des prisonniers – restent entre les mains de l'État. Restauration, cantinage, maintenance, blanchisserie, nettoyage, transport des détenus, accueil des familles, travail pénitentiaire et même formation professionnelle : tout le reste devient un joli marché à conquérir.

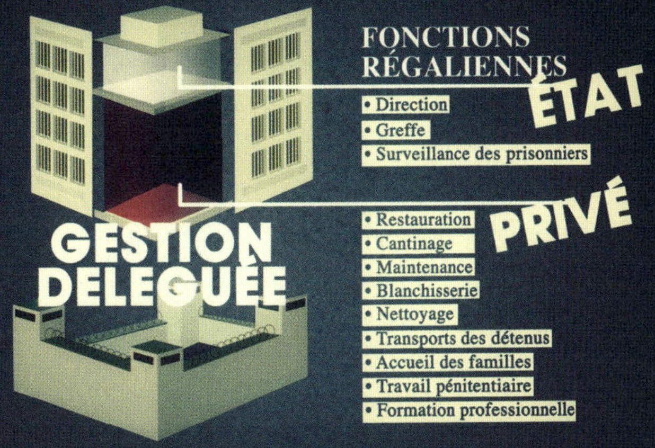

DES CONTRATS EN BÉTON

En 2004, un nouveau type de contrat apparaît, les « PPP » : Partenariats Public Privés. Désormais, le prestataire privé peut également récupérer la conception et la construction des prisons. De quoi ouvrir l'appétit.

Deux entreprises dominent le secteur : Sodexo avec 34 prisons et GDF-Suez, devenu Engie, avec 16. En 2008, Bouygues entre également dans la danse.

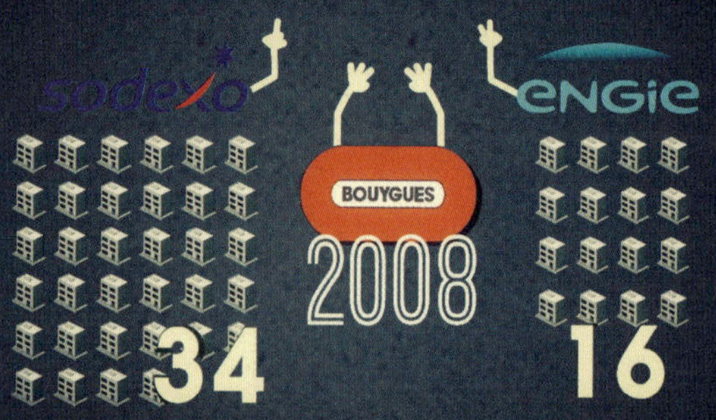

En 2011, Bouygues remporte le premier contrat en PPP : trois prisons que ce grand professionnel du bâtiment livre 3 ans plus tard.

En 2015, 54 établissements pénitentiaires sont en gestion déléguée, ce qui représente près de 49% des places en cellules contre 36% en 2009. Une belle progression !

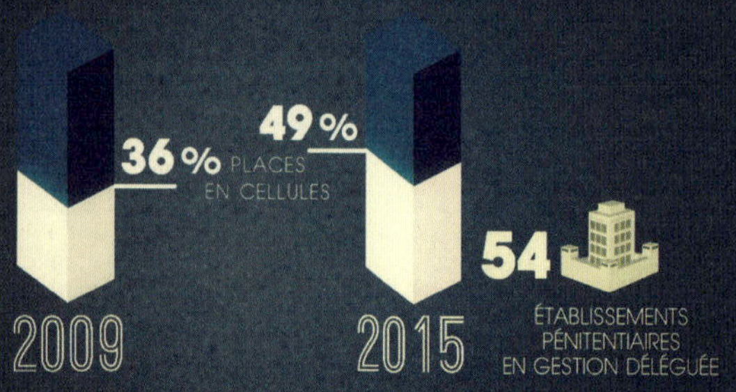

Avec une durée contractuelle allant de 25 à 30 ans, les loyers versés par l'État sont alléchants. Sur le total des 13 prisons gérées en PPP, l'État devra débourser 1,4 milliard d'euros de loyers d'ici à 2040. Intérêts compris.

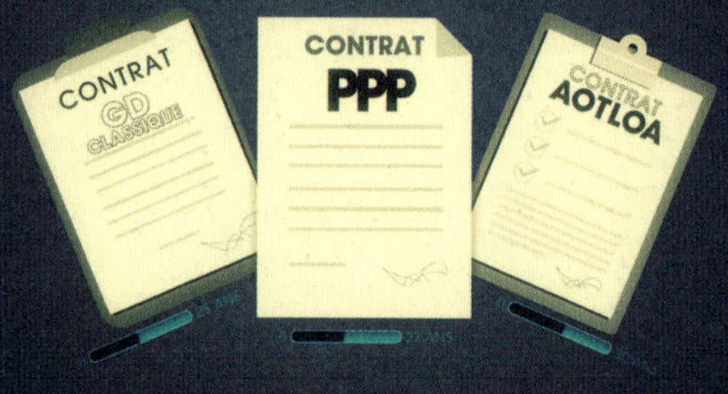

SURPOPULATION, SURFACTURATION

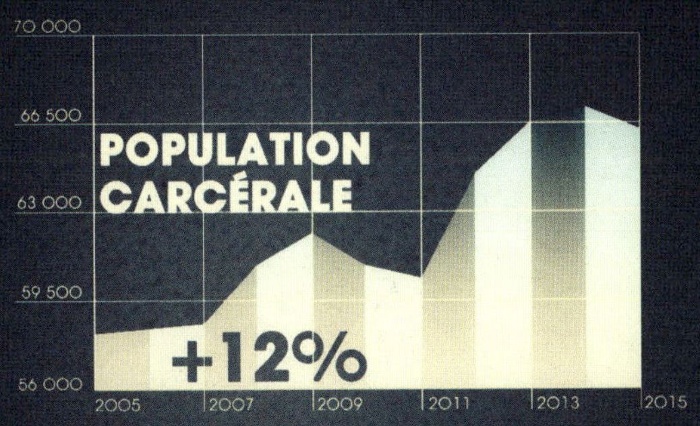

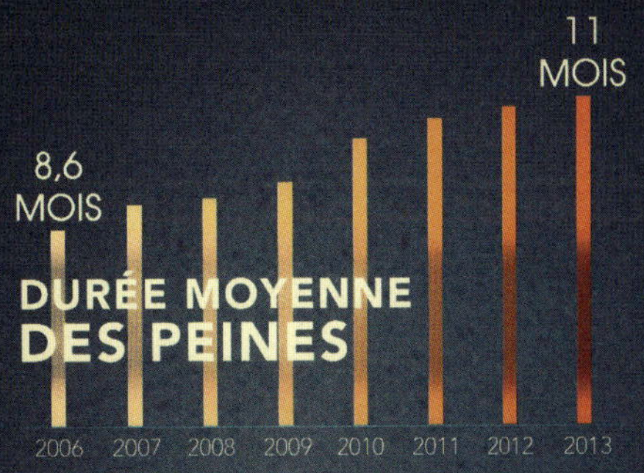

Et le marché est en pleine croissance. Depuis 2005, la population carcérale a augmenté de 12% tandis que la durée moyenne des peines s'allonge. De 8,6 mois en 2006, elle est passé à 11 mois en 2013.

Plus de locataires, plus longtemps : le rêve de tout propriétaire. Les contrats spécifient même que l'État doit verser des pénalités dès que le taux d'occupation dépasse les 120%.

Bien vu.

QUAND LE SYSTÈME SE GRIPPE

Le soucis c'est que plus la somme allouée aux établissements en gestion déléguée est importante, plus les fonds pour lancer de nouvelles politiques carcérales diminuent.

En 2008, les dépenses incompressibles dans le budget de l'administration pénitentiaire représentaient 34%. 3 ans plus tard, elles étaient à 50%. Autant d'argent en moins pour la réinsertion ou l'aménagement des peines.

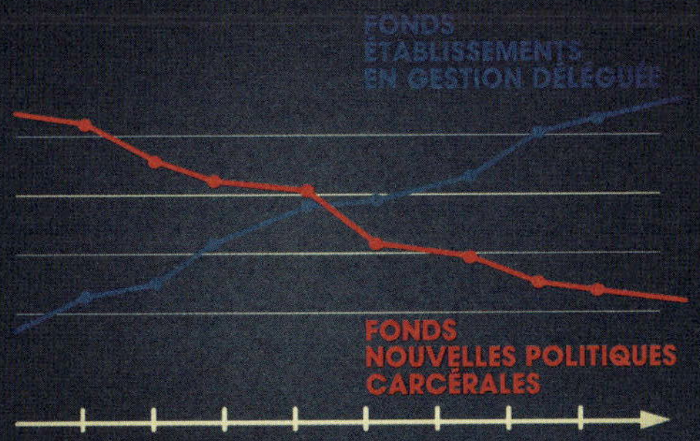

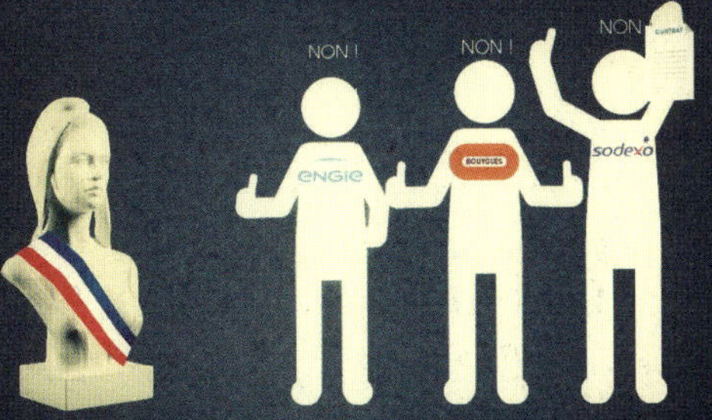

Sans compter que tout changement décidé par l'État peut être refusé par les gestionnaires privés s'il n'est pas prévu dans le contrat d'origine.

LA PATRIE DES PRISONS PRIVÉES : LES ÉTATS-UNIS

Et un tel marché, ça se défend.

Entre 2002 et 2009, les dépenses de lobbying de l'industrie pénitentiaire ont augmentées de 165%. De quoi influer sur l'adoption de certaines lois, comme la SB-1070 adoptée en 2010 en Arizona. Elle permet désormais d'incarcérer jusqu'à 30 jours tout étranger sans papier suspecté d'immigration illégale.

La première y a ouvert en 1984. La CCA et GEA, les deux géants du secteur, génèrent 3,3 milliards de dollars par an.

UNE RENTABILITÉ PROBLÉMATIQUE

Entre 2002 et 2009, la population des prisons fédérales privées a augmentée de 37%. Pourtant, entre 1990 et 2012, le taux de criminalité aux États-Unis avait chuté de 45%.

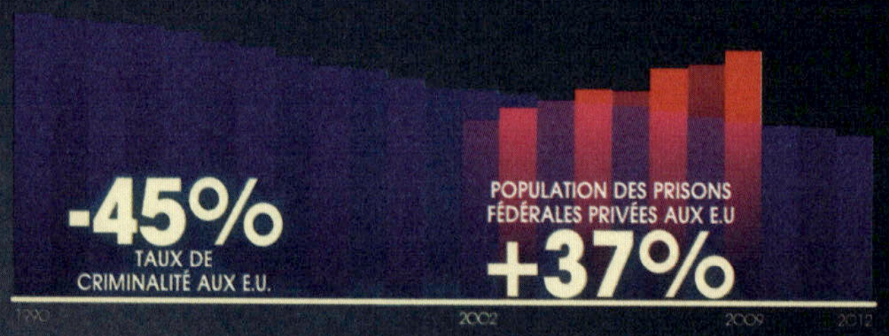

Mais il faut bien remplir les prisons. Les gestionnaires privés américains ont en effet inclus dans leurs contrats une clause d'obligation d'occupation. Elle stipule que les prisons doivent impérativement être remplies entre 80% et 100%, sous peine de pénalités.

Quelle que soit l'évolution du taux de criminalité.

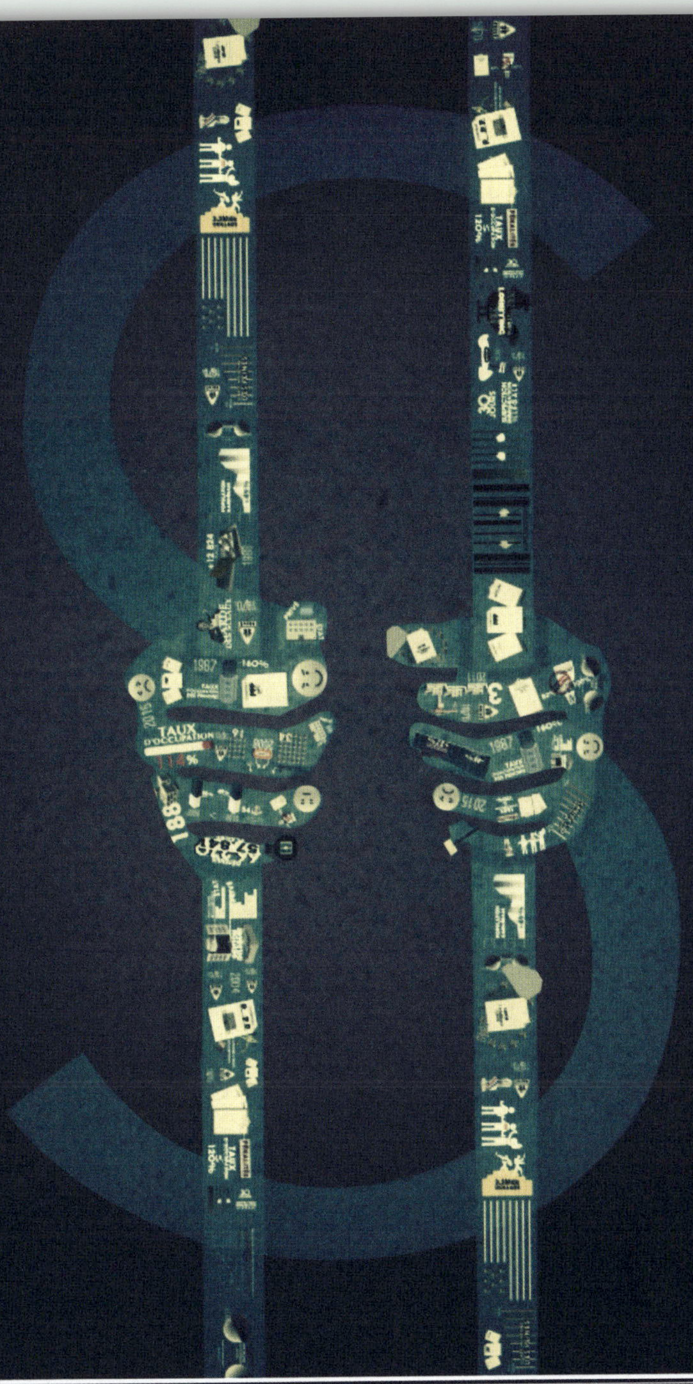

Quand la prison devient un marché, le marteau du juge se transforme rapidement en lingot d'or. Adieu justice, bonjour tristesse.

Retrouvez les sources sur http://bit.ly/DTG-AquiProfitelaTaule

DTG#36

LE CHANGEMENT (CLIMATIQUE) C'EST MAINTENANT

Quand la bouilloire siffle, c'est que l'eau est chaude.

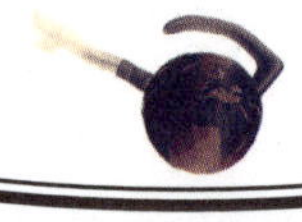

2°C d'augmentation d'ici à 2100. Voilà l'objectif à ne pas dépasser. Deux petits degrés par rapport aux températures moyennes relevées lors des premières mesures modernes en 1880. Sauf qu'entre 1880 et 2012, la température du globe a déjà augmentée de 0,85°C. Hé oui, le changement, c'est maintenant.

AU-DELÀ DU ROUGE

Il ne nous reste donc qu'un crédit d'à peine 1,15°C. Et pour une fois, en matière de croissance, celle des températures est fulgurante. 60% de la hausse des températures depuis 1880 s'est concentré sur les 40 dernières années.

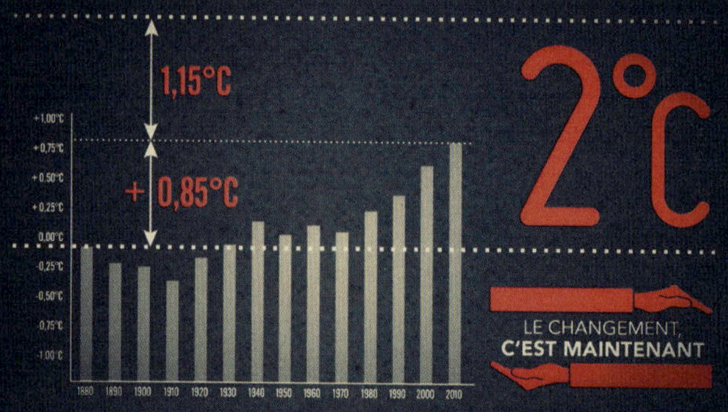

Depuis 1975, l'Arctique s'est même réchauffé deux fois plus vite que le reste de la planète, avec une hausse de 1°C.
La vie est injuste.

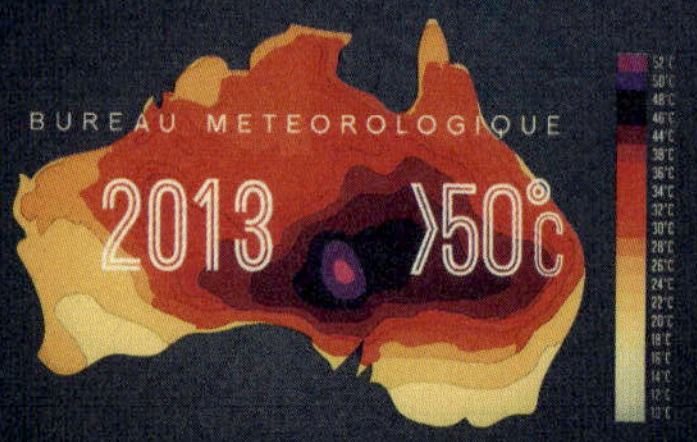

Désormais, chaque année, les records de températures mensuelles sont battus trois fois plus souvent que si le climat était stable. Notre cher XXIe siècle compte déjà à lui seul 14 des 15 années les plus chaudes jamais enregistrées. En Australie, depuis 2013, le Bureau météorologique a même dû ajouter une nouvelle couleur. Ce violet « incandescent » permet désormais de signaler les températures dépassant les 50°C.

Et ce petit coup de chaud modifie en profondeur la machine terrestre. Il y a les données spectaculaires, comme celle des catastrophes naturelles : depuis les années 1960, elles ont plus que triplé.

Et puis il y a celles un peu plus quotidiennes : entre 1960 et 2013, le rendement médian du blé a chuté de 2% et celui de maïs de 1,2%. Moins de nourriture pour une population en pleine croissance, ça risque de poser quelques problèmes.

COUP DE CHAUD DANS LES CENTRALES

La hausse des températures est aussi problématique pour notre système énergétique. En France, 61% des prélèvements d'eau douce servent à refroidir nos centrales nucléaires. Or, quand les eaux de surface se réchauffent, les centrales thermiques aussi.

Lors de la canicule de 2003, 17 réacteurs ont été ralenti ou arrêté. Soit 4 GW d'électricité en moins, 3,5 % de la capacité totale de production française. Été 2009 : nouveau coup de chaud et cette fois-ci 8 GW de puissance en moins.

À L'EAU !

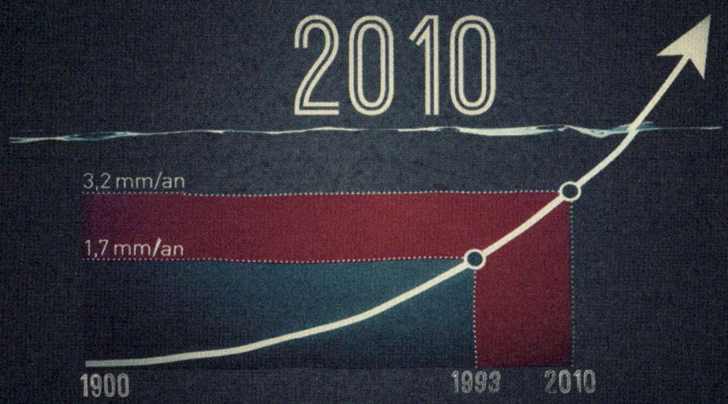

Piquons une tête pour nous rafraîchir.

Entre 1901 et 2010, le niveau des océans a augmenté de près de 20 cm. Comme pour les températures, la courbe est exponentielle. Alors que le rythme moyen était de 1,7 mm/an depuis les années 1900, entre 1993 et 2010 il a presque doublé, passant à 3,2 mm/an.

Le système terrestre est un petit blagueur. Admettons que nous stoppions toute émission de gaz à effet de serre maintenant, l'augmentation des températures à la surface du globe ne commencerait à ralentir que dans 10 ans, a minima.

Car les océans, qui capturent l'essentiel du réchauffement, continueraient à relâcher en surface une partie de la chaleur accumulée.

La température des eaux profondes, elle, pourrait encore augmenter pendant des siècles voire des millénaires.

Et, comme en devenant plus chaude l'eau se dilate, le niveau des océans continuerait à monter inexorablement.

LES PUITS DÉBORDENT

Et ne comptez pas sur les forêts pour changer la donne. La surabondance de CO_2 dans l'atmosphère mène les arbres à l'overdose. Depuis le milieu des années 1980, dans ce grand poumon qu'est la forêt amazonienne, leur mortalité aurait augmenté d'un tiers.

De façon plus générale, entre 1959 et 2012, le taux d'absorption des puits de carbone naturels que sont les océans et les forêts aurait chuté d'un tiers.

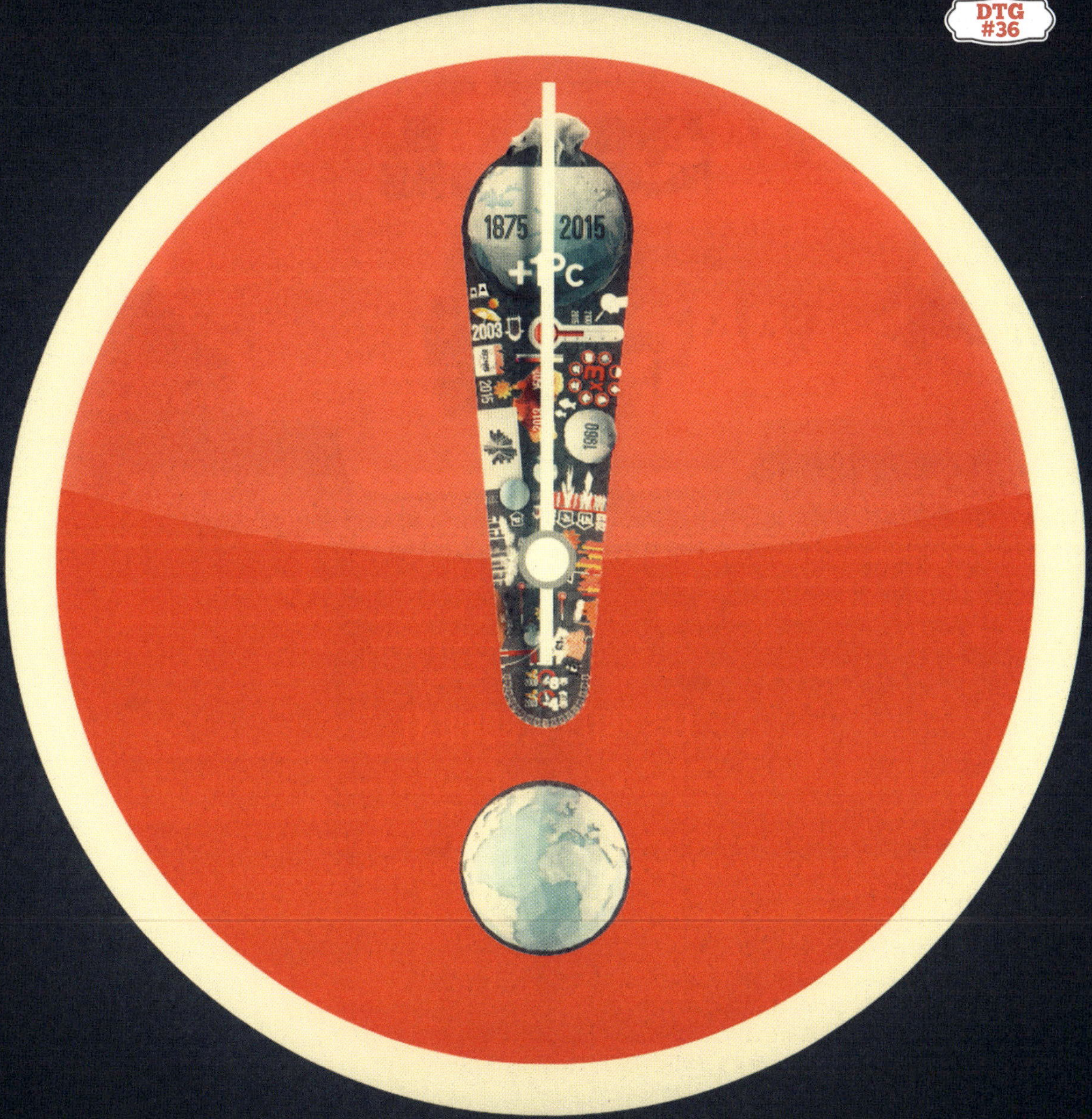

Aujourd'hui la question n'est plus d'éviter le péril environnemental, comme un trou sur la route, mais bien de s'adapter en trouvant d'autres voies plus praticables. Dites bonjour au changement climatique car il est déjà là.

Retrouvez les sources sur http://bit.ly/DTG-ChangementClimatique

DTG#37

MIGRANTS, MI-HOMMES

Il n'y a que celui qui est déjà au chaud qui ferme la porte pour y rester.

Migrants, demandeurs d'asile, réfugiés, déplacés, apatrides... Pour éviter les raccourcis, clarifions d'entrée les panneaux. D'après l'ONU, un « migrant » est un citoyen qui s'est installé dans un autre pays que le sien depuis au moins un an. Par choix ou par obligation.

LES CHIFFRES

En 2015, 240 millions de personnes dans le monde ont migré pour des raisons économiques, politiques ou de survie. Impressionnant ?

Ce n'est que 3% de la population mondiale et cela n'a rien de nouveau.
À la veille de la Première Guerre mondiale, les migrants représentaient 5% de la population du globe. Tout au long du XIXe siècle, 50 millions d'Européens ont fui la famine et la pauvreté pour tenter leur chance aux Amériques.

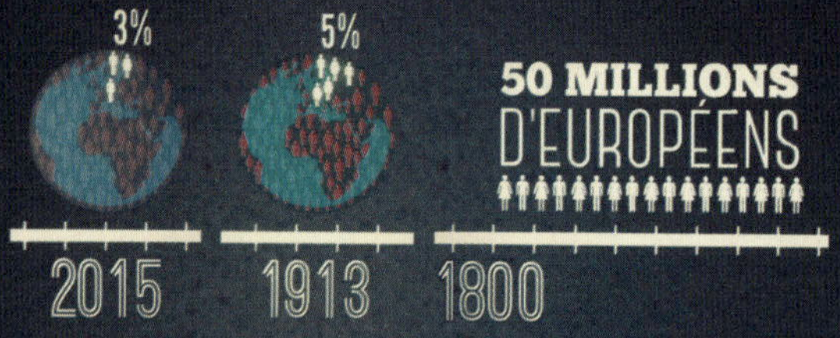

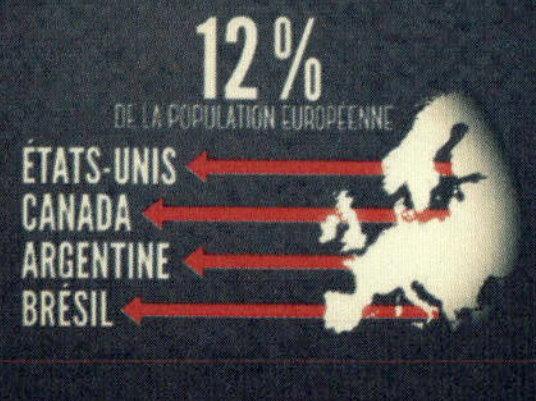

Aujourd'hui, les projecteurs sont braqués sur celles et ceux qui fuient les guerres et les persécutions en tout genre. Avec 14 conflits en cours sur la planète ces 5 dernières années, leur nombre à explosé. Au total, fin 2014, ils étaient presque 53 millions à vivre loin de chez eux.

Près de 3 fois plus qu'en 2004, 10 ans plus tôt. C'est considérable et pourtant cela ne représente que 0,7% de la population mondiale.
On est loin de l'invasion.

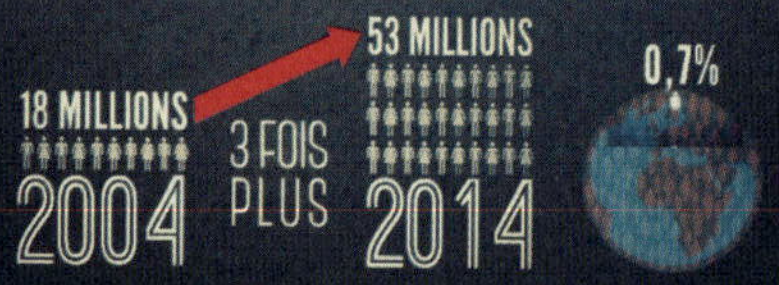

LES RÉFUGIÉS

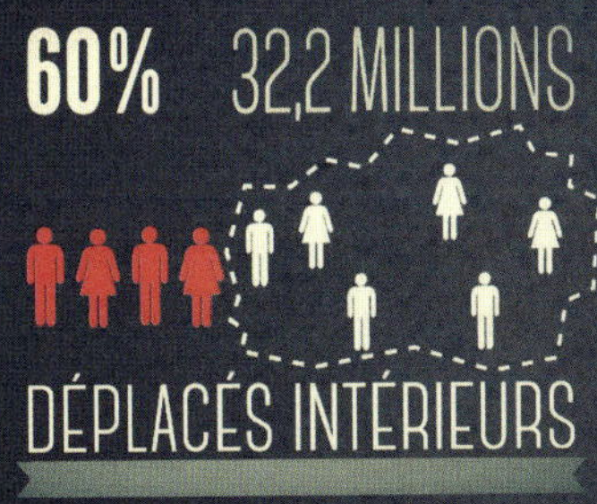

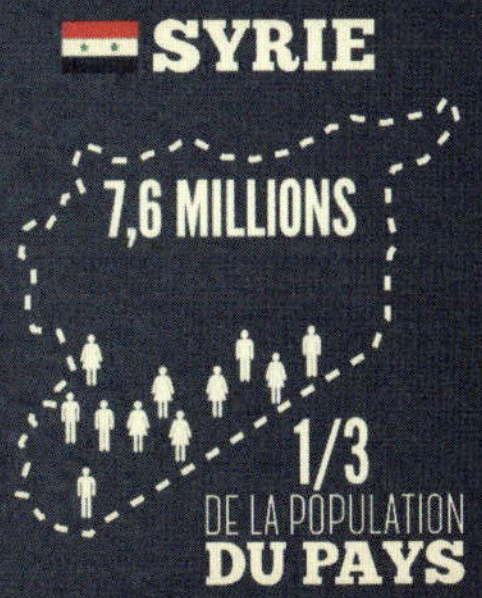

En 2014, à peine 26% de ces populations déplacées dans le monde sont des « réfugiés ». Concrètement : des citoyens accueillis par un État tiers après avoir fait une demande d'asile.

La grande majorité – près de 60% d'entre eux, 32,2 millions de personnes – sont en fait des « déplacés intérieurs ». Pour survivre, ils cherchent d'abord refuge dans leur propre pays.

En Syrie par exemple, ils sont 7,6 millions – plus d'un tiers de la population du pays – et plus de 6 millions en Colombie. Des mouvements de foule à l'échelle d'un pays.

Quand ils passent la frontière, ils restent surtout dans les pays limitrophes. En 2010, moins d'un réfugié sur cinq vivait en dehors de sa région d'origine.

Et pourtant, loin de là, la peur s'immisce.

LES TENSIONS AUX FRONTIÈRES

En 2014, 219 000 exilés – 0,4 % de tous les déplacés mondiaux – ont traversé les frontières de l'Europe. Parfois après un périple de 2 ans. Entre janvier et août 2015, ce chiffre grimpe à 350 000.

JANVIER → AOÛT 2015 **350000 EXILÉS**

Du coup, l'Europe se crispe. Entre la Hongrie et la Serbie, entre la Slovénie et la Croatie, les barbelés fleurissent. L'Autriche, le Danemark, la France, la Norvège et la Suède ont rétabli les contrôles aux frontières au sein de l'espace Schengen.

Partout des murs s'érigent, jusque dans nos têtes.

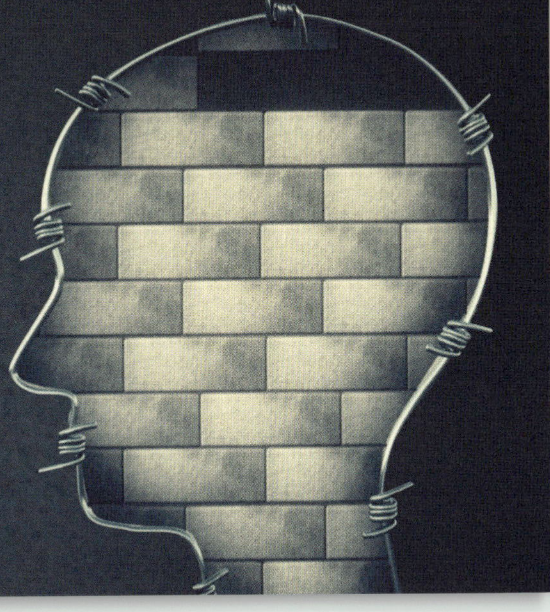

DE L'AIDE À LA SURVEILLANCE

En octobre 2013, en Méditerranée, la marine italienne lance l'opération Mare Nostrum. Financée à hauteur de 9 millions d'euros par mois, son but était de sauver les exilés sur les bateaux en détresse. Elle prend fin en octobre 2014.

Depuis novembre 2014, l'agence Frontex, en charge des frontières européennes, a lancé l'opération Triton. Avec 3 millions d'euros par mois, son seul objectif est la surveillance pour maintenir ces futurs réfugiés loin de nos côtes.

LE BUSINESS DES PASSEURS

Et pendant que nos frontières se ferment, des tiroirs-caisses s'ouvrent. Pour les exilés, fuir c'est rester vivant, alors peu importe le prix.
Les passeurs s'en donnent à cœur joie. Pour traverser la Méditerranée, comptez entre 700 et 2 000€. Les gilets de sauvetage et le téléphone satellitaire, c'est en option. 170€ le gilet et 250€ le coup de fil.

À Calais, il y a même des places VIP pour passer en Angleterre. 20 000€ pour être en cabine avec le conducteur du camion et avoir une seconde chance en cas d'échec.

LES DRAMES HUMAINS

Depuis l'an 2000, ces populations déplacées auraient dépensé 15,7 milliards d'euros pour atteindre l'Europe. La survie n'a pas de prix. Ou presque.

Parmi eux, 22 000 sont morts en tentant de traverser la Méditerranée. En 2014, plus de 75% des migrants décédés dans le monde ont disparu dans ces eaux troubles, aux frontières de notre Europe.

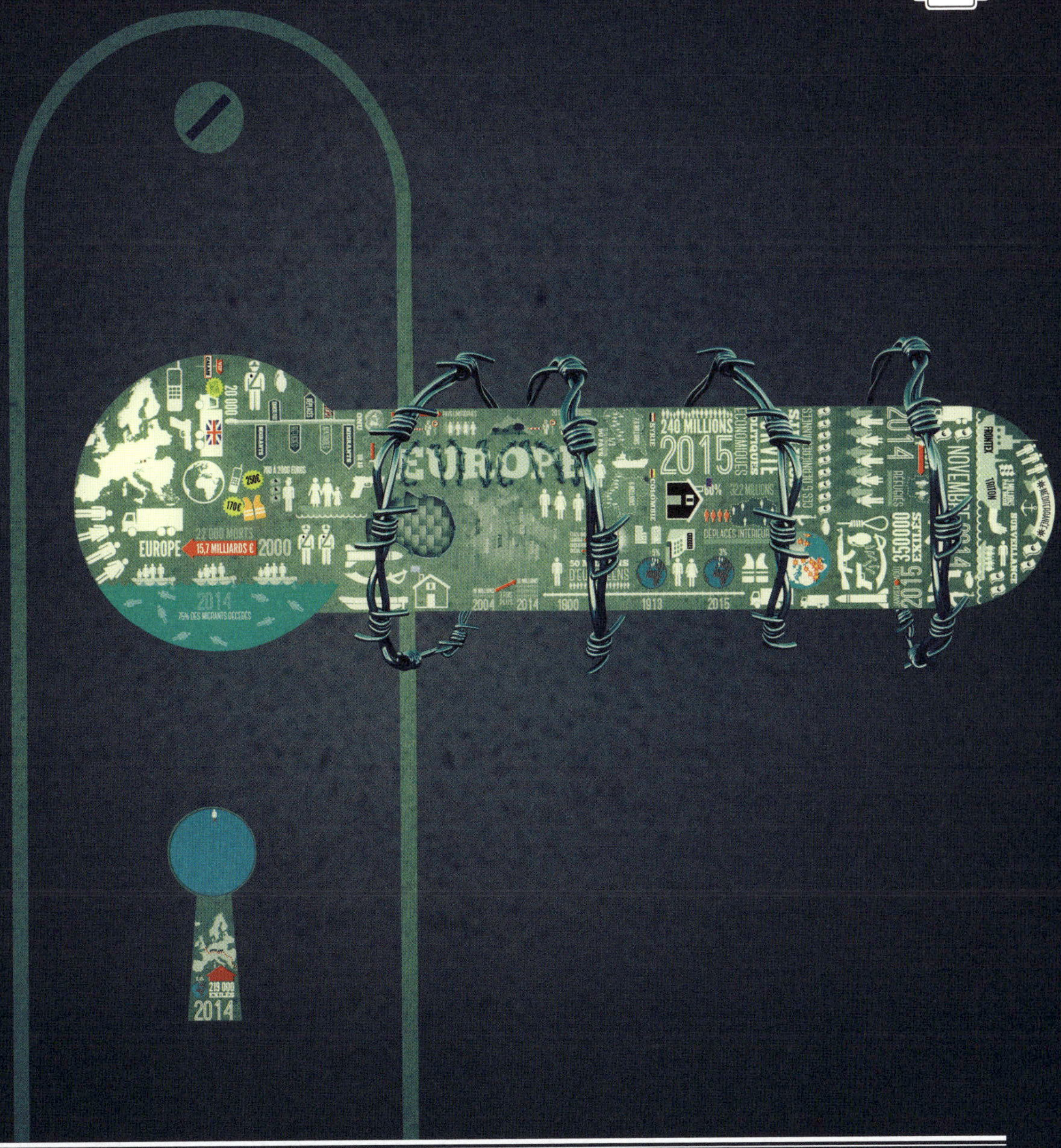

Fermer la porte ne résout pas le problème.
Ça ne fait que laisser du sang sur la poignée.

Retrouvez les sources sur http://bit.ly/DTG-MigrantsMi-Hommes

DTG#38

DES COMMUNS ET DES HOMMES

Entre l'enclume et le marteau,
il reste toujours un sillon pour éviter le choc.

Les « communs », ou « *commons* » en anglais – souvent traduits par « biens communs » – sont partout. L'air ou l'eau sont les plus connus mais ce concept pourrait englober de nombreuses choses : la santé, le savoir, la culture et plus généralement tout ce qui serait considéré comme étant essentiel à la société dans son ensemble. Si les cultures numériques les remettent au goût du jour (notamment grâce à des initiatives comme les licences Creative Commons), peut-être est-il temps de questionner leur place au-delà de la sphère numérique.

ÇA COULE DE SOURCE

266,3 milliards, c'est le nombre de litres d'eau en bouteille consommés dans le monde en 2013. Un chiffre en augmentation de plus de 6 % en 5 ans.

En 2005, Peter Brabeck-Letmathe, alors PDG de Nestlé Waters – leader du secteur avec plus de 7 milliards d'euros de chiffre d'affaires en 2014 – rappelait :

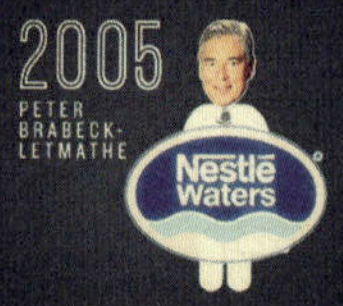

Nestlé, propriétaire du parc de Sao Lourenço au Brésil, a donc pompé intensivement les sources minérales du parc de 1996 à 2006 pour remplir ses bouteilles. Et peu importe si des habitants prétendent que cela a pu faire chuter la qualité minérale des eaux environnantes, tarissant même l'une d'entre elle.

« L'eau est une denrée alimentaire comme les autres et doit avoir une valeur marchande. »

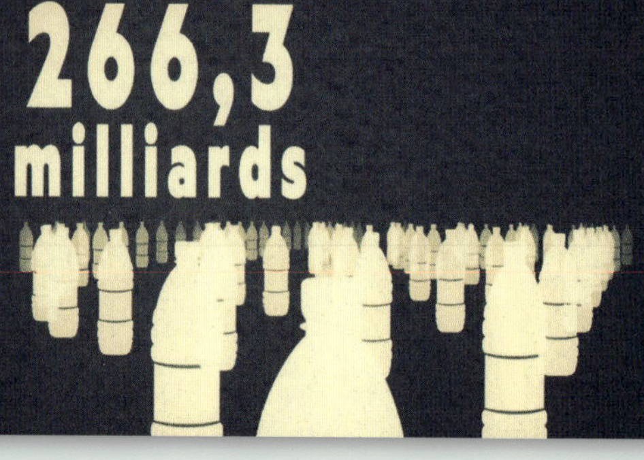

Les gênes de nos légumes sont un autre bon filon. L'entreprise hollandaise Rijk Zwaan a réussi à breveter un type de salades résistantes au puceron Nasonovia.

RIJK ZWAAN

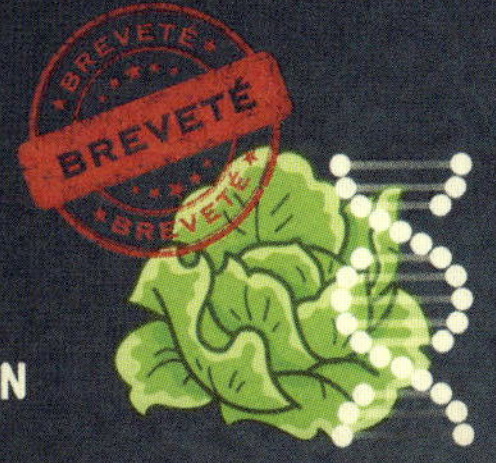

Mais ce caractère génétique est présent dans 90% des laitues commercialisées. Du coup, pour chaque chaque graine vendue contenant cette particularité naturelle, Rijk Zwaan réclame des royalties.

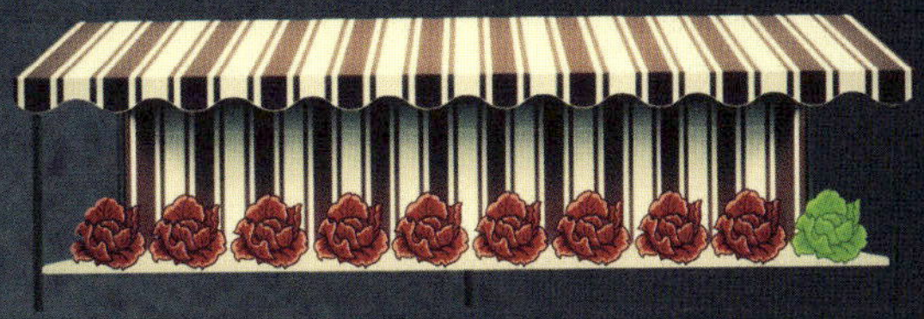

LES « RES COMMUNES »

Faisons une petite pause historique. En 535 après J.-C., le code Justinien prend la peine de définir 4 types de propriétés pour les choses qui nous entourent :

les *res nullius*, n'appartenant à personne,
les *res privatae*, appartenant à des individus,
les *res publicae*, appartenant à l'État

et les *res communes* : appartenant à tous. Comme l'eau ou l'air par exemple. Ces biens étant communs, ils devraient logiquement être gérés par tous et pour tous.

TRAGEDIE DES COMMUNS

Mais non, en 1968, plus de 1 400 ans plus tard, l'écologue américain Garrett Hardin conclut que l'espèce humaine est incapable de gérer une ressource commune sans la détruire.

C'est la « tragédie des communs ». Deux éleveurs faisant paître leurs troupeaux sur un même pré finiront forcément par l'épuiser, ruinant leur troupeau.

L'ESPOIR REVIENT

Il ne reste donc que deux solutions pour nous préserver de nous-même :

À moins que l'on tente un pas de côté. En 2009, Elinor Ostrom obtient le prix Nobel d'économie pour son travail autour des communs. Les hommes seraient bien capables de gérer des ressources communes sans les détruire.

À Oman, le système de gestion collective de l'eau a plus de 16 siècles d'ancienneté. 5 réseaux alimentant 3 000 systèmes d'irrigation permettent de répartir l'eau équitablement.

Une perle en plein désert.

Cette notion de « communs » s'applique non seulement aux ressources mais aussi et surtout à la façon dont les hommes s'organisent autour. D'après les recherches d'Elinor Ostrom, l'une des clés tient dans les règles d'utilisation de ces ressources. Elles doivent être claires, décidées collectivement, modifiables par celles et ceux qu'elles concernent et les outils pour résoudre les conflits doivent être facilement accessibles.

NOTRE SANTÉ COMMUNE

La santé publique pourrait être considérée comme l'un de ces communs.

Entre 1975 et 2004, seuls 1,3% des médicaments mis sur le marché concernaient les maladies tropicales. En 2008, l'Open Source Drug Discovery voit le jour en Inde. Programme de recherche collaboratif, il se concentre sur ces mêmes maladies tropicales, notamment la tuberculose.

Ses règles sont simples : toutes les données sont librement accessibles, aucun brevet n'est déposé, la discussion est encouragée et aucun des laboratoires participants ne peut reprendre le projet à son seul compte.

En 6 ans, l'OSDD rassemble 7 900 participants venus de 130 pays. En 2014, la molécule Pa824 voit le jour. Validée lors de son premier test clinique, elle pourrait donner naissance à un nouveau médicament contre la tuberculose.

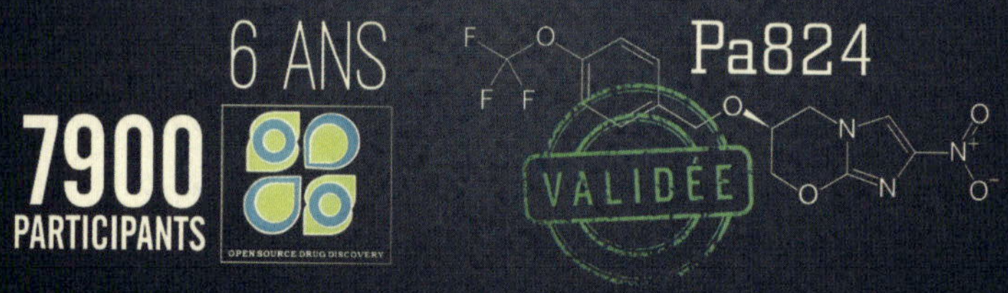

La notion de « communs » est aussi théorique que celle du « marché » qui permettrait de faire tourner les sociétés humaines. Concrètement - qu'il s'agisse d'eau, d'air, de semences, de santé ou même de savoir - ces communs permettent à des individus de s'organiser pour gérer une ressource qu'ils estiment essentielle à tous. Une piste fragile et souvent menacée qui pourrait ouvrir de nouvelles voies.

Retrouvez les sources sur http://bit.ly/DTG-DesCommunsetdesHommes

INDEX THEMATIQUE

ÉCONOMIE

ENVIRONNEMENT

POLITIQUE

NUMÉRIQUE

SANTÉ

SOCIÉTÉ

INDEX

H

I

J-K

L

M

N-O

P

R

S

T

U-V-W-Z

SOURCES

Démocratie représentative : suffrage, ô désespoir DTG#01
http://bit.ly/DTG-DemocratiesReprésentatives

CO 2 - Humains 0 DTG#02
http://bit.ly/DTG-CO2-Humains0

Pirate, mon amour DTG#03
http://bit.ly/DTG-PirateMonAmour

Adieu sommeil DTG#04
http://bit.ly/DTG-AdieuSommeil

Monsanto, sa vie, son empire DTG#05
http://bit.ly/DTG-MonsantoSaVieSonEmpire

Loterie : le rêve derriere les grilles DTG#06
http://bit.ly/DTG-Loteries

L'attaque des robots traders DTG#07
http://bit.ly/DTG-AttaqueDesRobotsTraders

Mais oui, mais oui ! L'école est finie ! DTG#08
http://bit.ly/DTG-Ecole

Intermittent, précaire à temps plein ? DTG#09
http://bit.ly/DTG-IntermittentPrecaire

Neutralité, j'écris ton nom DTG#10
http://bit.ly/DTG-Neutralite

Amazon de turbulences DTG#11
http://bit.ly/DTG-AmazonDeTurbulences

Biodiversité, l'essentielle différence DTG#12
http://bit.ly/DTG-Biodiversite

Made in Germany DTG#13
http://bit.ly/DTG-MadeInGermany

Big data : données, données, donnez-moi ! DTG#14
http://bit.ly/DTG-BigData

Charbon : le fossile qui a de beaux restes DTG#15
http://bit.ly/DTG-Charbon

Quand la boucherie, le monde pleure DTG#16
http://bit.ly/DTG-quandLaBoucherieLeMondePleure

Abreuvés de brevets DTG#17
http://bit.ly/DTG-AbreuvesDeBrevets

Containers : la vie en boîtes DTG#18
http://bit.ly/DTG-Containers

À qui profite le miel ? DTG#19
http://bit.ly/DTG-LeMiel

Le PIB, cette fausse boussole DTG#20
http://bit.ly/DTG-PIBcetteFausseBoussole

Les merveilleuses histoires du tabac DTG#21
http://bit.ly/DTG-LeTabac

Pipelines : notre monde sous perfusion DTG#22
http://bit.ly/DTG-Pipelines

Monnaies, monnaies, monnaies DTG#23
http://bit.ly/DTG-Monnaies

Quand la surpêche, les poissons coulent DTG#24
http://bit.ly/DTG-QuandLaSurpecheLesPoissonsCoulent

La bourse ou la faim DTG#25
http://bit.ly/DTG-LaBourseOuLaFaim

Banques de compensation : la nature à crédit DTG#26
http://bit.ly/DTG-BanquesDeCompensation

Samsung : trois étoiles et des poussières DTG#27
http://bit.ly/DTG-Samsung

L'Aluminium, notre précieux DTG#28
http://bit.ly/DTG-Aluminium

Dopage : la victoire en intraveineuses DTG#29
http://bit.ly/DTG-Dopage

Sucrez, sucrez-moi DTG#30
http://bit.ly/DTG-SucrezMoi

Déforestation : le chant des scies règne DTG#31
http://bit.ly/DTG-

Privés de vie privée ? DTG#32
http://bit.ly/DTG-DeforestationLeChantDesSciesRegne

Cannabis : la drogue douce dont l'hypocrisie dure DTG#33
http://bit.ly/DTG-CanabisLaDrogueDouceDontlHypocrisieDure

Énergies fossiles : mortelles subventions DTG#34
http://bit.ly/DTG-EnnergiesFossiles

À qui profite la taule? DTG#35
http://bit.ly/DTG-AquiProfitelaTaule

Le changement (climatique) c'est maintenant DTG#36
http://bit.ly/DTG-ChangementClimatique

Migrants, mi-hommes DTG#37
http://bit.ly/DTG-Hommes

Des communs et des hommes DTG#38
http://bit.ly/DTG-DesCommunsetdesHommes

REMERCIEMENTS

Parce que chaque épisode de Datagueule est le fruit d'une longue chaîne de travail collaborative, il est essentiel de remercier toutes celles et ceux qui font vivre cette aventure éditoriale au quotidien, de près ou de loin.

Pour le soutien infaillible des premières heures : Luc Hermann.

Pour le plaisir des yeux (motion designers) : Laurent Kinowski, Gilles Roqueplo, Céranne Gantzer, Laurent Quéro, Christian Manlius, Houda Lambarqui, Fabrice Thumerel, François Simerey, Julien Tandé, Julien Pinot, Arnaud Pham Gia, Dany Lacarelle, Nicolas G. Thiriet, Jérôme Letué, Mathieu Ratier, Michaël Alcaras, Alexandre Yiannaki, Clément Combes, Georges Khayat.

Pour les caresses des oreilles (sound design et mixage) : Christophe Joly, Valentin Locard, Célia Sayaphoum, Yves Zarka.

Pour les data (enquêteur/trice) : Maïa Boyé, Antoine Cauty.

Pour les autres plaisirs des yeux (cadrage, montage) : Juliette Faÿsse, Roman Dugas.

Pour l'ouverture du champ des possibles (production) : Julie Ayreault, Laurence de Rosière, Mathilde Quéru, Silvana Davanzo, Raechel Isolda, Aurélien Baslé, Luc Hermann, Hervé Jacquet.

Pour la mise en orbite (France Télévisions) : Boris Razon, Bruno Patino, Voyelle Acker, Renaud Allilaire, Gwenaëlle Signaté, Lisa Boucher, Cécile Deyon, Annick Jakobowicz, Sandrine Miguirian, Pierre Block de Friberg, Christophe Cluzel, Antoine Allard, Lucas Reverdy, Julie Ragey, Léo Fauvel.

Et, enfin, pour avoir rendu ce livre possible : Raphaële Wauquiez, Emmanuel Le Vallois, Aude de la Villarmois, Caroline Scherrer.

7326008 / 01
ISBN : 978-2-501-12023-4
Dépôt légal : janvier 2017
Photogravure : Nord Compo
Achevé d'imprimer en décembre 2016
sur les presses de Gráficas Estella en Espagne
pour le compte des éditions Hachette Livre – Marabout